도현 홍현승 수필집

많아지는 것보다 깊어지고 싶다

도현 홍현승 지음

도서출판 해조음

많아지는 것보다 깊어지고 싶다

서문

하나로 모은 파동

간절히 바라던 장애인문학상을 받았을 때, 그 기쁨은 이루 말할 수 없었다. 수상 연락을 받고 제일 먼저 학부 때, 시를 지도해주시던 대진대 문예창작학과 심재휘 교수님께 수상 소식과 더불어 감사의 인사를 드렸다.

교수님은 "세상은 병들어가는데 너와 같이 밝은 기운이 있어서 그나마 조금은 치유가 되기도 한다."며 "너에게 글이 있다는 것에 더욱 감사하고, 그 삶이 더욱 따뜻해지기를 기도한다."는 답장을 보내오셨다.

글을 읽기도, 쓰기도 싫어했던 나에게 글이 어떻게 다가왔는지, 왜 다가왔는지 언제나 화두였다. 글을 만난 것은 큰 선물이었지만 이 선물의 의미가 무엇인지도 궁금했다. 그런데 글을 쓰다 보니 알 수 있었다. 온전히 나의 이야기를 전할 수 있는 통로가 '글'이었음을.

단면적으로 보이는 나의 개성에 사람들은 호기심을 가질 수 있지만 침대에서 뒹굴뒹굴하며 쉬는 것을 좋아하고 여행과 공연을 좋아하는 평범한 사람이다. 그렇지만 평범한 삶 가운데도 항상 다가온 것은 '경험'이었다. 주사처럼 따끔거리기도 했고

'고압선이 흐른다'는 경고문이 붙어있는 곳에 거침없이 들어간 것 같이 아찔했다.

주사와 찌릿했던 전기는 파동처럼 내 삶에 은은하게 남아있다. 이제는 그 파동을 세상에 던지고 싶다. 누군가의 손에 작은 파동들이 전달된다면 그것만으로도 참 기쁠 것 같다.

나는 첫 책을 낸다면 수필집부터 내고 싶었을 만큼 이 책을 기다렸다. 그 오랜 꿈을 지원해 주신 한국장애인문화예술원에 감사드린다.

그리고 이 책이 나오기까지 묵묵히 옆에 있는 가족들과 여러 활동할 수 있도록 지원해 주시는 보리수아래 최명숙 대표님과 회원님들께 감사를 전한다. 또한 바쁘신 가운데서 평설을 맡아주신 심재휘 교수님, 출판을 맡아주신 도서출판 해조음 이주현 대표님께도 감사의 인사를 전한다.

뜨거운 여름이 지나가면 가을이 다가올 것이다. 수확의 계절이기도 한, 이 가을을 오랫동안 기다렸다. 그 기다림 시간 속에서 두 번째 책이자 첫 수필집을 준비하면서 추억도 되짚어보고 여행도 하면서 나의 이야기를 담을 수 있었다. 이제 또다시 새로운 이야기를 준비한다. 더 나은, 더 깊은 이야기를 향해.

2025년 온전한 나의 가을을 기다리며
도현 홍현승 두 손 모음

추천사

깊어지는 마음,
그 존재의 의미로 가득 차 있음을

홍현승, 밝은 희망을 간직한 그 이름을 부르며 미소 짓게 됩니다.

수필집 출간을 축하합니다. 책 속에는 서른 네해를 성장하며 지나온 홍 작가의 진솔한 마음이 담겨 있습니다. 세상을 향해 던진 질문과 믿음으로, 성장의 길목에서 건져 올린 마음의 파편들이 하나의 빛으로 모여 있음을 봅니다.

홍 작가의 글 속에는 누군가에게 처음 꺼내는 진심과, 오래 품어온 고백이 있습니다.

장애와 비장애, 일상과 투쟁, 사랑과 상처, 그리고 말하지 못한 수많은 이야기들이 이 책 안에 담겨 있습니다.

'깊어지고 싶은 마음'으로 함께 살아온 이들에게 건네는 언어들이 우리의 마음에 와닿습니다.

"많아지는 것보다 깊어지고 싶다."

한 사람의 존재가 단지 '보살핌의 대상'이 아닌, 자기 목소리로 삶을 증언하는 존재임을 말해주는 것 같습니다.

"배려하지 마세요."라는 짧은 문장이 오히려 따뜻하게 다가오는 까닭은, 그 말 너머에 쌓인 상처와 갈등, 그리고 끝내 마주한 자존의 빛이 보이기 때문입니다.

모든 편견은 말 없이 머물지 않습니다.

그건 언젠가 말로, 눈빛으로, 몸짓으로 저항하며 피어납니다.

책의 구석구석에는 그 언어들의 자리, 성장의 시간들이 담겨 있습니다.

한편으로는 많은 것을 감싸는 침묵의 무게를 느끼게 되는 것은 왜일까요?

누군가는 이 책을 한 줄의 시처럼, 또 누군가는 편지처럼 읽게 되겠지요.

'듣고 싶었던 말, 하지만 하지 않은 말'들은 슬픔을 넘어, 하지 못했던 말들까지 다독여줍니다.

그리고 '모두가 털어놔 줄 수 있다면'이라는 말로, 홍 작가는 털어놓기 어려운 이들의 마음을 대신해 기록하고 있는지도 모르겠습니다.

그 위로 봄꽃이 피고, 때로는 몽롱한 채로 얻은 통찰이 한 구절, 한 구절 기억에 남습니다.

홍 작가는 처음부터 끝까지, 장애를 넘어 살아가는 사람의 문제이자, 끝내 사랑을 믿고 싶은 마음에 대한 이야기를 하고 있습니다.

어쩌면 우리는 모두, '간절한 믿음을 배우고' 있는지도 모르겠습니다.

　우리의 삶의 과정은 고통이기도 하고, 작고 단단한 기쁨이기도 합니다.

　간절함으로 견디고, 믿음으로 버티며, 사람 사이에서 성장해 온 목소리는 어느새 우리 모두의 것이 되어 있습니다.

　'모두가 들어와 줄 수 있다면' 하는 희망, 일상의 당당함, '삶이 있는 사람'으로 읽히고 싶은 바람. 이 모든 언어들이 세상 사람들의 마음 깊은 곳을 울리리라 기대합니다.

　마지막으로, 홍 작가에게 말하고 싶습니다.

　"홍 작가의 글 한 편에 파동이 세상의 중심에 하나로 모일 수 있음을, 그 존재의 의미로 가득 차 있음을."

2025년 8월의 초입에
보리수아래 대표 **최명숙**

하나로 모은 파동

추천사 | 최명숙(보리수아래 대표)

1부 ● 간절한 믿음을 배운 곳

　　세 개의 대학을 거쳤던 이유 • 15
　　세 개의 대학을 거쳤던 이유 2 • 23
　　알고 있어요 • 28
　　시간이 지나도 남는 날들 • 34
　　하나의 마음과 믿음으로 • 43
　　간절한 믿음을 배운 곳 • 49
　　시선으로부터의 해방 • 55
　　신사의 스포츠, 배구 • 59
　　나에게도 김사부는 있을까 • 63
　　나를 만나는 여정 • 71

2부 ● 많아지는 것보다 깊어지고 싶다

'반말 금지법'을 사회에 발의하며 ● 77
평범하게 산다는 건 ● 81
장애가 있는 사람 ● 88
많아지는 것보다 깊어지고 싶다 ● 95
8년차 장애인 노동자가 내는 목소리 ● 100
그날을 떠올리면 ● 106
가벼움이 만드는 무거움 ● 111
창동역에 생긴 기적 ● 115
배려하지 마세요 ● 120
백상예술대상에 나온 친구 ● 123

3부 ● 듣고 싶었던 말, 하지만 쉽지 않은 말

봄의 청량사 그리고 새 인연 ● 131
환희심으로 가득했던 1박 2일 ● 135
아나율 존자는 어떤 업이었을까? ● 141
사람과 사람이 사는 세상 ● 147
늦은 밤, 울리는 전화 한 통 ● 152
수행의 종교가 장애를 가진 사람들을 만나면 ● 156
모두가 법당에 들어갈 수 있다는 것 ● 161
듣고 싶었던 말, 그러나 쉽지 않은 말 ● 164
몽골 초원에 안겨 ● 170
몽골에서 얻은 증표 ● 175

평설 ｜ 심재휘(시인) ● 182

1부

간절한 믿음을 배운 곳

세 개의 대학을 거쳤던 이유

"꿈은 이루어진다. 여러분 꿈을 꾸십시오. 꿈을 이루십시오. 그리고 꿈을 절대 포기하지 마십시오." 가수 인순이 씨가 노래 '거위의 꿈' 전주 중에 하는 멘트이다. 중학교 때까지만 해도 들을 때마다 이 멘트 앞에서 당당했다. 꿈이 있었기에 자신 있게 답할 수 있었다.

그러나 고2, 고3이 되면서 그 답은 점점 희미해져 갔고 '꿈이 뭐야?', '진로가 뭐야?'라고 물어오면 점점 말끝을 흐리게 되었다. 중학교 때부터 글을 쓰기 시작하면서 문예창작과를 원했지만, 시간이 지날수록 '내가 글을 잘 쓰는 것일까?', '내가 문예창작과에 가서 좋은 결과를 얻을 수 있을까?' 두려움이 앞섰다.

그래서 사회복지학과로 눈을 돌리기 시작했다. 하지만 아버지는 반대하셨다. "네가 사회복지를 할 수 있겠어?"라는 의구심이 드셨기 때문이다. 주변 장애 당사자 친구들이 대부분 사회복지학과에 지원하는 것을 보고 나 역시 '우리는 갈 수 있는 학과가 저기밖에 없을까?' 진지하게 고민했던 적도 많았다.

어찌 보면 당연했다. 장애 당사자 친구들, 특히 뇌성마비, 지체장애 친구들은 유년 시절부터 복지관과 병원에서 재활치료와

방과 후 수업을 받고 관련 기관에서 주최하는 캠프나 체험학습에 참가한 경험이 많았고 그때 만난 직업군이 치료사와 사회복지사가 대부분이었다.

그런 환경에서 진학하는 학생으로서는 사회복지학에 관심이 가는 것은 어찌 보면 당연한 이야기였다. 나도 그 학생 중 하나였고. 하지만 아버지 말을 듣고 나니 아버지 말도 일리가 있었다. 사회복지학과에만 들어가는 것이 대수가 아니라 졸업해서 직업으로 가질 수 있는가가 문제였다.

뭐를 할까? 어느 학과에 가야 하나? 고3, 1학기 말에 참 많이 고민했다. 그러다 생각한 것이 불교였다. 부모님 두 분이 불자가 아니셨고 불교에 대해서는 말씀해 주는 사람이 없어서 불교 기초 교리는 독학으로 공부했다. 그 과정에서 불교학과 정보를 알게 되었다.

불교는 접할수록 흥미로웠다. 그래서 불교를 절이 아닌 학교에서 학문적으로 배우고 싶은 마음이 들었고 그러던 중, 부산 동명대 불교문화학과(2025년 현재는 다른 과로 바뀌었다)를 접했다. 2010년 국내 최초로 종립대학이 아닌 사립대학에 개설한 첫 불교 관련 학과였다. '동명대'라는 학교와 학과를 늦게 알게 되었지만 너무 가고 싶었다. 그리고 비로소 간절한 끝에 수시 2차 막차에 올라탈 수 있었다.

부산 대학 진학을 이것저것 준비하면서 자취도 알아봤지만 여의치가 않았다. 그래서 기숙사로 결정하고 입학 전에 기숙사 답사를 했었다. 기숙사에서 긍정적으로 답변을 받았고 장애 학우를 위한 호실도 소개해 주셨다. 개관 이래로 장애 학생이 사용하지는 않았다고 했다. 그래서 그런지 막상 등록하려니 처음 상담 때는 제시하지 않았던 보호자와 같이 들어오라는 조건을 제시했다.

계획과는 달라 혼란스러웠지만 캠퍼스 생활이 거듭되면서 빠르게 적응했고 초, 중, 고등학교 때는 알지 못했던 공부의 재미도 알게 되었다.

더 의미가 있었던 것은 수진 큰스님께 불교한문연습 강의 시간에 초발심자경문을 배운 것이다. 스님께서는 첫 시간에 수강하는 학생들에게 교재를 나누어 주셨고 한 명, 한 명에게 화두를 내리듯 책 앞장에 친필로 적어주셨다.

> 홍현승 法子
> 그대를 보라 그곳에 그대의 숭고함이 있다.
> 영원히 변치 않는 영혼이 말이다.
>
> 2011년 3월 3일
> 불교문화학과 교수 수진 합장

『인과경』에 의하면 "스승과 제자는 1만 겁 이상의 인연"이라고 한다. 십여 년이 지났어도 그 배움은 참 복된 배움이었다. 하지만 잠시였다. 생각지도 않았던 학과 내의 어려움이 생겼다. 4월 중순, 5월에 생긴 일이었다. 전공 강의가 중단되었고 첫 중간고사는 치르지 못했다. 기억을 더듬어 보면 기말고사 직전까지 어수선했다.

　종강 날을 며칠 앞두고서야 겨우 일단락되었다. 안타깝기도 하였고 속이 상하기도 하였지만 그럼에도 나는 그곳 동기들과 선배님들이 정말 좋았다. 나를 장애가 아닌 똑같은 동기로, 똑같은 후배로 대한다는 느낌이 강했기 때문이다.

　우여곡절 끝에 1학기 종강을 하고 서울로 올라왔다. 학기 중에도 학교 소식을 공유했던 아버지는 학과 사정도 그렇고 엄마도 부산에 같이 내려갔기에 가족이 뿔뿔이 흩어져야 하는 상황이 크게 다가오신 것 같았다.

　친할머니도 나를 볼 때마다 "언제 와, 서울 와야지."라고 말씀하셨다. 할머니는 아버지가 기러기 생활하시는 것을 못마땅해한 까닭이었다. 더구나 가족들의 개인적인 이야기를 많이 하지 않으셨던 외할머니께서도 한 번씩 "언제 올라올 거냐?"라고 말씀하시곤 하셨다. 외면하려고 해도 하나같은 가족들의 목소리는 외면이 될 수 없는 상황을 만들고 있었다.

　아버지는 동국대 수시전형을 다시 응시해 보라고 권유하셨다. 그때까지만 해도 그만둘 마음이 없었기에 아버지의 원을 들어드린다는 생각으로 학기 중에 서울에 올라와 면접까지 봤었다. 그렇지만 수시전형에 합격하지 않았다.

　속으로는 너무 좋았다. '이제는 서울 올라오라는 말은 하지 않으시겠지!' 하지만 아버지는 멈추지 않았다. 이제는 사이버대였다. 경희사이버대에 2학년으로 편입해 학점을 쌓아 3학년 때, 재편입하여 집에서 다닐 수 있는 대진대에 다니라는 것이었다.

사이버대는 2학년 편입도 제도적으로 가능했기 때문이다. 엄마가 계속 부산에 있어야 한다고 생각하셨을까? 아버지는 또 한마디를 거드셨다.

"1년 동안 경험했으면 되었잖아."

그 말을 듣고 서운했던 마음은 아직도 남아있다. 동명대가 누구나 아는 대학도 아니고 좋은 대학도 아니다. 하지만 그곳에서 나는 너무 행복했다. 수업이 좋았고 교수님들이 좋았고 동기, 선배들이 좋았다.

1년 동안 정말 행복한 캠퍼스 생활을 했고 성적도 나쁘지 않았다. 그런데 어찌 그것을 아버지는 단순한 '경험'으로 치부할 수 있으셨을까? 끝까지 아버지의 의견에 버텼다. 솔직히 사이버대에 가기 싫었고 대진대를 학점으로만 편입할 수 있다는 아버지의 말도 믿기 어려웠다.

여름방학이 끝나고 2학기 때도 변화가 있었지만, 여전히 크고 작은 잡음들은 멈추지 않았다. 결국 2학기 종강을 하고 2012년 1월, 가족들의 뜻에 따르기로 했다. 마지막 학교에 가는 날, 겨울이었지만 날은 따뜻했다. 대학 본관 건물에서 학과장님을 기다리며 창문 너머로 보이는 용당동 풍경은 지금도 눈에 아른거린다.

면담을 마치고 여섯 명의 친구를 만났다. 부산에 내려가기 전에 친구에게 어찌 보면 마지막이 될 수 있는 만남을 제안했다. 고맙게도 연락을 돌려 6명 동기의 얼굴을 볼 수 있었다. 자세한 이야기는 미리 하지 않았지만, 그들은 나의 자퇴에 대해 모두 알고 있었다. 그러나 그 이야기는 누구도 먼저 꺼내지 않으려고 했다. 한창 동기들과 평소처럼 이야기를 나누는데 동기인 형이 물었다. "학교 그만두는 기가?"

차마 그 이야기만큼은 하지 않고 싶었는데. "응. 그리됐다." 답을 얼버무린 뒤, 다시 대화 주제를 바꿨다. 다른 동기들도 바뀐 대화 주제에 적극적이었다.

서로 대화를 나누다 보니 어느새, 엄마가 돌아오셨다. 자퇴 절차를 모두 밟으신 것이다. 마지막 부산역으로 갈 택시를 타면서 동기들과 쿨하게 인사를 나누었다. 웃으면서 나눈 인사였지만 내 마음은 그리 쿨하지 않았다.

서울에 올라오면서 마음에 걸렸던 한 가지는 큰스님께 말씀을 못 드리고 온 것이다. 큰스님은 학교에 다녔을 때도, 지금도 스님의 존재만으로도 큰 가르침을 주시고 계시다. 지난 십 년 동안 한 번씩 찾아뵙고는 하였는데 최근엔 그러지 못한 것이 죄송스럽다.

서울에 올라온 후, 아버지 말대로 경희사이버대 2학년으로 편입했다. 입학식에 가는 부모님의 차 안에서 온갖 짜증을 낸 기억이 있다. 가족들과 상의하고 나도 동의한 뒤, 부산을 정리했지만 아버지와 친할머니의 성화에 못 이겨 온 것으로 생각했다. 그래서 사이버대에서는 마음대로 하고 싶었다. F 학점도 맞고, 출석과 과제도 대충 내서 하는 척만 하고 싶었다. 대학 중퇴나 사이버대 졸업이나 같을 것이라고 생각했다.

학교라는 생각이 들지 않았고 단순히 인터넷 강의를 듣는 느낌이었다. 내키지 않는 사이버대 생활을 하고 있는 아들의 모습이 걸리셨는지 부모님은 화계사 불교대학 2년 과정을 수료하게 했다. 또 복지관에서 성인 뇌성마비인 사회인지 치료에도 참여하게 되었다.

사회인지 치료는 그룹으로 관계도 형성하고 장을 본다거나 문화생활을 하는 법, 생활적인 것들을 훈련하는 프로그램이다. 그러나 사실 나에겐 필요 없었던 프로그램이었다. 문화생활도 충분히 하고 경제 관리, 대부분의 것들을 했는데 나는 무엇을 훈련해야 했을까? 그런데 훈련해야 하는 것이 있었다. '자책과 불안에서 벗어나기.'

서울에서도 '내가 아버지랑 할머니하고 싸워서 부산에 있을 걸 그랬나?', '엄마한테 아버지랑 할머니 설득해 달라고 바짓가랑이를 붙잡을 걸 그랬나?' 온갖 생각이 머리에 맴돌았다. 집에만 있는 시간엔 정말 괴로웠다.

그것들을 잊고자 복지관을 다닌 것이다. 사회인지 치료 프로그램 중, 슈퍼에 가서 물건을 사는 프로그램이 있었다. 그 슈퍼는 복지관에 다니면서 자주 갔던 슈퍼였기에 주인아주머니하고도 인사를 나누던 관계였다.

슈퍼에 들어가니 복지관에 같이 다닌 동생의 어머니도 주인아주머니와 담소를 나누고 계셨다. 그 어머니는 반갑게 인사를 하셨는데 치료사 선생님과 참여자가 있는 곳에서 나에 대한 말을 꺼냈다.

"쟤, 부산으로 대학 갔다가 적응 못 하고 올라왔대."

그러고는 멸시하는 어투로 "학교 다니니?" 질문 아닌 질문을 하셨다.

"네." 짧은 답을 하고 가게를 나왔다. 왜 유명인들이 사실이 아닌 말에도 당당하지 못하고 소문에 시달린 채, 삶을 마감하는 일들이 벌어지는지 뼈저리게 느꼈던 순간이었다.

그날 다짐했다. 꼭 다시 일반 대학으로 편입할 것이라고.

세 개의 대학을 거쳤던 이유 2

　마음을 고쳐먹었다. 그날 이후로 더 열심히 강의에 임했고 과제와 학점 관리에 신경 쓰게 되었다. 아버지가 대진대 이야기를 했을 때, 단순히 부산에서 올라오게 하려고 하시는 말인 줄 알았다. 하지만 아버지는 이것저것 찾아보시면서 누구보다 더 정보를 많이 알아보신 것 같았다.

　가깝게 지내는 분께 편입을 준비한다던 소식을 알려 드렸다. 그분은 어린 시절부터 나를 봐왔던 분이라 누구보다 응원을 해주실 줄 알았다. 그러나 다른 반응이었다.

　"네가 편입한다고? 영어 학원도 안 다니는데 편입을 어떻게 할 건데?"

　너무 슬프고 절망적이었다. 누구보다도 나를 잘 아시는 분께 들으니 '너는 중퇴로 끝'이라는 사형선고가 내려진 느낌이었다.

　꼭 보여주고 싶었다. 부적응으로 서울로 올라왔다는 복지관 동생 어머니의 근거없는 소문과 멸시 속에서, 사형선고처럼 느꼈던 반응 속에서 반드시 '편입'으로 증명하고 싶었다. 돌아보면 너무 힘들었던 시선들이었지만 더욱더 '간절함'으로 변했다.

고통 속에 보냈던 1년이 지나고 있었다. 대진대 편입 지원을 하고 초조하게 기다리던 날이었다. 합격 조회를 했는데 더 큰 시련이 찾아왔다. 합격도 아니고 불합격도 아니었다. 잘 기억은 나지 않지만, 예비 1번인가 3번이었다.

너무 야속했다. 차라리 불합격이었다면 '실패자'로 나 자신을 놓아버릴 텐데 그 놓음조차도 허락하지 않는 현실이 정말 야속했다. 전화가 올 수도 안 올 수도 있고, 언제 올지도 모르는 희망 고문이었다.

하루하루가 고문이었던 어느 토요일, 그날은 보리수아래 모임 날이었다. 봉은사에서 월례 모임을 진행했었는데 모임 중간에 합격의 연락을 받았다. 연락을 받는 순간, 왈칵 눈물이 났다. 몇 년 동안 흘리지 않았던 눈물이었다. 동명대에서 자퇴원을 냈던 날, 동생 어머니의 멸시, 가까운 사람에게서 흘러나오던 비웃음, 모든 것이 단 몇 초 사이 머릿속에 스쳤다. 그리고 그 모든 것을 당당하게 덮을 수 있었던 합격이었다.

다시 3월의 봄이 찾아왔다. 고3 시절 선생님들이 "너희 창동역에 서 있는 대진대 버스를 하찮게 생각하는데 저 학교도 높은 등급 아니면 못 가는 학교"라던 학교에 온 것이다.

첫 강의는 전공 수업, 소설 창작 연습이었다. 소설 창작인 경우는 중간고사와 기말고사가 이미 정해져 있었다. 다섯 주 강의는 단편소설 분석 강의와 한 편의 장편소설 분석 강의, 그리고 중간고사는 교수님이 내주신 필사 과제였고 중간고사 이후엔

자작 단편소설을 제출하여 서로 합평하고 기말고사는 합평에서 받은 피드백을 바탕으로 수정, 보완하여 제출하는 것이 한 학기 강의였다.

한 번도 소설 창작을 해보지 않았던 나로서는 덜컥 겁부터 났다, "어떻게 하지? 전공 필수 과목인데 내가 들을 수 있을까?" 나를 맡아주셨던 지도교수님도 소설 창작을 담당하셨던 교수님이었다.

그래서 더욱 잘해야겠다는 생각에 밤잠을 설친 날이 많았다. 시 창작 강의는 강릉 시인으로 독자들에게 많이 알려지신 심재휘 교수님이 전공 교수님이셨다. 시는 내 문학의 시작이었으니 소설 창작보다는 부담감이 덜 했다. 하지만 강의를 들을수록 "어떡하지?"라는 생각을 또다시 했다. 그동안 내가 썼던 시에 비하여 함께 수업을 들었던 학우들이 쓰는 창작 수준이 높아 보였기 때문이었다.

시 창작 오리엔테이션이 끝나고 엄마와 인사차, 학과장도 겸임하시던 심 교수님을 찾아갔었다. 갑작스레 찾아간 방문이었는데도 교수님은 따스하게 맞아주셨다.

"시가 다른 학우들보다 많이 부족해요." 교수님께 처음 드린 말이었다. 교수님은 나에게 안심하라는 듯, "괜찮아. 다른 학우들도 잘 쓰지 못해."라고 하셨다. 그 말씀 덕분에 대진대에서의 2년을 보낼 수 있었다.

시간이 지날수록 대진대학교 적응에 속도가 붙었다. 소설 창작 수업에서 어렵게만 느껴졌던 작품 분석 토론도, 시 창작 시간에 하는 합평도 점점 적응되어 갔다. 하지만 같이 듣는 학우들하고는 수업 이야기와 인사만 했을 뿐, 학우들이 쉴 수 있었던 과방도 편입한 해에는 가지 않았다.

그때까지만 해도 동명대의 미련을 못 버린 것이다. 동명대 건물들이 아른거렸고 과방에서 동기들과 돼지국밥을 시켜 먹었던 추억들이 머릿속에서 떠나지 않았다. 강의를 들으면서도 때때로 나의 마음은 부산 동명대에 있었다.

대진대 편입이 간절했지만, 편입보다도 '자퇴자'라는 낙인이 싫었기에 대진대를 뚫고 들어왔다. 하지만 '내가 지금 동명대에 남아있었다면 …….'라는 생각에서 벗어나기 어려웠고 사이버대에서도, 대진대에서도 조용히 학점 따서 하루라도 빨리 졸업하고 싶다는 생각을 항상 했다.

그 상심에서 벗어날 수 있었던 것은 교수님과 선배, 학우들, 조교님들 덕분이었다. 강의 시간 전후로 학우들과 이야기 나누는 시간이 점점 많아졌고 어려운 일이 있으면 학과 사무실에 도움을 청하는 일들이 많아졌다.

대진대를 다니면서 가장 감사했던 일은 학과 선배 형과의 만남이었다. 4학년이 되자 학생복지과에서 도우미 학생을 연결해주겠다는 연락이 왔다. 엄마도 학교를 오가는 상황이었기에 도우미 학생 제도를 통해서 통학의 부담도 덜게 되셨다. 아침에 엄마가 창동역 통학버스 정류장에 데려다주시면 버스를 타고 학교로 갔다.

   학교에 내리면 기숙사에 사는 형이 버스정류장에 마중 나와 강의실에 가곤 했다. 정류장에서 강의실 건물로 내려오는 계단도 많고 가팔라 도움이 필요했다. 그리고 형 덕분에 학과 휴게실도 들어가서 쉬기도 하고 밥을 먹기도 하였다. 마지막 학기에는 가지 않았던 종강 파티에도 참석했었다. 만약 형이 없었다면 돌아갈 수 없는 동명대에 대한 미련으로 졸업 때까지 우울증까지 왔을 것 같다.

   4년이라는 시간 동안 많은 일이 있었다. 1년마다 대학을 옮기며 적응하기 위해 급급했던 시간을 때로는 원망했지만, 이 또한 인연이었던 것 같다. 인연이 있었기에 부산에 갔던 것이고 사이버대학의 환경도, 그리고 통학하는 대학의 기쁨도 충분히 맛본 것이다.

   졸업 후, 쉽게 할 수 없었던 그 경험은 복지관 요청으로 후배 뇌성마비인들에게 강의로 풀어낸 기억도 있다. 동명대 동기들과 선배님들, 교수님들과 수진스님, 대진대 학우들과 교수님, 조교님들 그리고 도우미를 해주셨던 선배 덕분에 무사히 대학을 졸업할 수 있었다.

알고 있어요

대학생으로 신분이 바뀔 무렵, 방송계에서는 오디션 열풍이 한창이었다. 케이블 방송에서 시작된 오디션 프로그램은 지상파까지 다양한 프로그램이 우후죽순 생겨났다. 많은 오디션 프로그램으로 '새로움'이 있을 것인가 참신성에 대해 논하는 시기까지도 왔었다. 하지만 식상하다 하면서도 오디션 프로그램은 늘 대중들이 주목했다. 그중에 내 마음속 넘버원은 SBS K팝 스타였다. 기대와 설렘 속에서 봤던 오디션, 첫 방송부터 나를 사로잡은 참가자가 있었다.

Oh, oh, oh, oh, ohhhh, ohh-oh-e-ohh-oh-oh / I'll get him hot, show him what I've got

레이디 가가 〈Poker Face〉를 열창하던 참가자 백아연 님이었다. 여느 여고생과 같이 긴 생머리를 가지런히 묶고 키보드 앞에서 노래한 그녀였다. 화면에서 그녀를 본 순간, '나 저 가수 팬 할래.'라고 마음을 먹었다. 나도 모르게 '참가자'가 아닌 '가수'라는 말이 먼저 나온 것이다. 무슨 생각으로 '가수'라는 말이 나왔는지는 모르겠지만, 보자마자 확신했다. 언젠가 가수로 TV에 반드시 나오겠다는 것을.

호평의 라운드가 거듭되었다. 발라드로 시작한 그녀는 댄스곡에 안무까지 소화하며 다양한 무대를 카멜레온처럼 소화했다. 우승자는 다른 가수였지만 내 뇌리에는 여전히 백아연이 자리 잡았다.

2012년 초 K팝 스타는 종영하고 그해 9월 백아연 님은 〈느린 노래〉로 데뷔했다. 데뷔 소식이 알려진 날, 너무 좋은 나머지 환호성을 부를 정도였다. 가수로 돌아온 그녀를 실제로 만나고 싶었다. 너무 좋아하는 스타를 보면 한 번만이라도 만나고 싶은 마음이 있듯이.

그러던 어느 날, 백아연 소극장 콘서트 〈소곤소곤 첫 번째 이야기〉가 열린다는 소식이 들려왔다. 그 소식을 본 순간, 무조건 가야겠다는 생각이 들었다.

하지만 '갈 수 있을까?' 걱정이 되었다. TV로만 봤었던 콘서트는 긴 줄에, 다닥다닥 사람들이 서 있는 장면이 머릿속에 그려졌기 때문이다. 폐쇄공포증은 아니었지만 나도 모르게 움직이는 내 몸, 혹시나 넘어지지 않을까 하는 걱정이 앞섰다. 내가 넘어지는 것은 상관없었다. 하지만 넘어지는 순간, 집중된 시선들이 멋쩍을 때가 많았기 때문이다.

그러나 소극장이었다. 소극장 뮤지컬을 좋아하는 나는 익숙한 곳이기에 고민도 없이 출격하기로 마음먹었다. 티켓팅도 원하던 좌측 가장자리에 할 수 있었다. 마음 같아서는 아티스트를 가까이 볼 수 있는 앞줄에 앉고 싶었지만, 항상 공연장에 가면 가장자리가 마음이 편했다.

   시간이 다가오고 공연장으로 입장했다. 소극장이라 그런지, 무대도 크지 않고 어느 자리에서나 무대가 가깝게 느껴졌다. 오프닝이 끝나고 조명은 내려갔다. 바로 내 자리 옆이 대기실 통로기에 커튼을 쳤어도 소린 들렸다. 또각또각 백아연 님이 무대로 향하는 소리, 심장은 요동쳤다. 소름이 돋았다. 조명이 올라가고 '느린 노래' 전주와 함께 그녀의 모습이 보였다.
   그런데 생각과는 달리, 보고 싶은 가수를 내 눈으로 보니 오히려 마음이 차분해졌다. 환호성을 마음껏 지를 것으로 생각했는데. 공연이 거듭되면서 TV로, 노래로만 듣던 무대를 직접 보니 이것이 비로소 '행복'이라는 것을 알 수 있었다.
   콘서트의 하이라이트인 이벤트 시간이 다가왔다. 인터넷으로 다른 가수의 콘서트를 보면 무대로 관객을 불러 아티스트가 노래를 불러주는 장면을 자주 봤었다. 그런 무대를 내 눈으로 직접 보니 무대에 올라가는 사람은 얼마나 좋을까라는 생각이 들었다.

   여섯 번의 공연을 하는 동안 매회 이벤트 선정 방식이 달랐다. 내가 간 공연에서는 좌석번호로 뽑았다. 아티스트 입에서 나오는 번호가 그날의 주인공이었다. 느낌에 '10번대를 부르겠지, 20번대, 부르겠지'라고 생각했다. 사람들의 심리가 가까운 숫자를 부르기가 편하니까 말이다. 하지만 아연 님은 "육

십"…… "육십육, 육십육 번"을 외쳤다.

나라고? 나라고? 믿을 수가 없었다. 아연 님 옆자리에 앉았는데 '꿈인지 생시인지' 그 말의 의미를 온전히 몸으로 느낄 수 있었다. 아연 님이 이름을 물어보셨는데 차마 입이 떨어지지 않아 명함을 보여드렸다.

내 이름을 대신 말해주시고 'Love, Love, Love'를 부르기 시작했다. 'Love, Love, Love'는 I'm Beak 앨범에서 가장 좋아하는 노래다. 그 노래를 바로 옆에서 불러주다니. 떨린 나머지 눈을 어디에다 두어야 할지 몰랐다. 그래서 무대 앞 모니터에 시선을 두고 있었는데 아연 님은 오른손에 들고 있던 마이크를 왼손으로 옮기고, 오른손은 내게 내밀었다.

누구나 한 번쯤 내가 좋아하는 스타와 손잡아보는 것을 꿈꾸는데 그것이 현실이 되는 날이었다. 3분 38초 노래인데 그날따라 긴 노래로 느껴졌다. 중간중간 눈을 맞춰주실 때마다 미소를 머금은 아연 님의 모습은 아직도 잊히지 않는다.

그 뒤로 아연 님을 볼 수 있는 자리라면 모두 갔다. 아연 님이 출연한 뮤지컬 신데렐라, 두 번째 콘서트, 팬 미팅, 행사, 공연 등 아연 님을 만나러 가는 날이면 모든 것을 잊고 설레었다.

Bittersweet 발매 기념 팬 미팅에 가게 되었는데 팬 미팅 마지막에 한 사람, 한 사람, 앞으로 나가 Bittersweet 앨범에 사인도 해주었다. 내 차례가 다가오자 나도 역시 앞으로 나갈 준비를 하고 있었는데 진행하시는 분이 앉아 있으라 하시면서 아연 님에게 귓속말하셨다.

아연 님은 직접 와서 사인을 해주었다. 너무 설렌 나머지 사인하는 손에 시선을 두고 있었는데 아연 님이 한 마디 해주셨다. "늘 오시는 것 알고 있어요." 어디 출연한다고, 어느 행사에 온다는 소식을 알고도 서울이 아니고 또 시간이 되지 않으면 가지 못한 적도 많은데 그런 나를 기억해 준다니 참 감사했다.

많은 공연 중, 한 공연이 기억에 남는다. 2019년 8월 15일 합정에서 했던 걸크러시 공연이다. 평소라면 묻고 따지지 않고 갔을 공연이지만 공연 정보에서 멈칫거렸다. 스탠딩 공연이라고 쓰여 있었기 때문이다.

지금도 그렇지만 전동스쿠터만 타고 다닌 터라 걸음걸이가 예전만 못했다. 고민이 되었다. "세 시간을 넘어지지 않고 서 있을 수 있을까?" 그럼에도 아연 님을 만나고 싶은 마음이 컸다. 다행히 공연장 관계자들이 먼저 입장을 할 수 있게 해주셔서 난간에 기대어 볼 수 있었다.

하지만 쉬운 것은 아니었다. 시간이 지날수록 다리가 아팠다. 왼쪽 다리, 오른쪽 다리의 무릎을 뒤로 빼며 고통을 덜었는데 그것도 얼마 가지 못했다. 하지만 마지막까지 힘껏 버텼다.

아연 님의 순서는 마지막이었다. 아연 님이 무대에 올라오는 것을 보며 다리에 다시 한번 힘주어가며. 준비해 간 플래카드를 들고 노래하는 그녀의 무대를 즐겼다. 중간중간 눈을 맞추며. 무대가 끝나자 우르르 관객들도 빠져나갔다.

들어올 때와 달리, 관계자님이 무대 뒤의 엘리베이터로 안내

해 주셨다. 출연자와 관계자 출입구였다. 거기로 나오니 두 분의 팬이 아연 님의 퇴근길을 기다리고 있었다. 나도 턱에 걸터앉아 기다렸다. 보통 같았으면 벽에 기대거나 어느 곳을 잡고 서 있을 텐데. 그날은 도저히 그럴 수가 없을 정도로 골반과 허리가 끊어지는 것 같았다.

얼마나 기다렸을까? 아연 님이 나오시는 것이다. "많이 힘드셨죠?" 아연 님의 물음은 진통제를 맞은 듯 벌떡 일어서게 하였다. 그동안 나에겐 정말 한 가지 소원이 있었다. '아연 님과의 사진', 그날 흔쾌히 찍어주셨던 사진은 4년이 지난 지금도 여전히 핸드폰 배경 화면이다.

돌아오는 길, 친구에게 전화해 "오늘 죽어도 여한 없다"라고 말할 정도였다. 코로나 이후, 만나는 일이 적어져 아쉽기만 하다. 그래도 생일 때나 데뷔기념일에는 꽃을 보내며 그 아쉬움을 대신하곤 한다.

백아연은 내가 좋아하는 가수이다. 내가 응원하는 가수이다. 하지만 그보다는 나에겐 참 감사한 가수다. 아연 님 덕분에 억압하고 외면했던 소망들을 펼칠 수 있게 해주었기 때문이다. 앞으로도 그녀의 팬으로서 많은 곳에서 그녀를 응원하고 만날 것이다.

시간이 지나도 남는 날들

대학교 1학년 때, 수업을 마치고 핸드폰을 보니 모르는 번호로 전화가 와있었다. 인연이 있었던 팀장님께서 장애·비장애 해외 봉사를 지원해 보라며 전화를 주신 것이다. 여성가족부의 '꿈과 사람 속으로'라는 사업으로 NGO 구호단체인 아드라코리아가 기획한 장애·비장애 학생들이 함께하는 봉사단이었다.

팀장님의 권유에 고민하다가 지원서를 작성했다. 1차 서류 전형을 통과하고 학기 중, 서울로 올라와 면접을 봤다. 생각보다 엄숙한 면접에 긴장했지만, 다행히 합격할 수 있었다.

인천에서 5시간 비행한 끝에 봉사단은 프놈펜 공항에 도착했다. 앉아만 있어도 몸에 땀이 줄줄 날 것이라는 예상과 달리 생각보다 더운 날씨는 아니었다. 초여름 날씨라고 해야 하나? 약간 끈적끈적한 날씨였다.

프놈펜 시내에서 하루를 보내고 똘슬랭 박물관으로 이동했다. 똘슬랭 박물관은 여자고등학교였지만 과거 캄보디아 정부에서 정치인, 의사, 학생 등 지식인을 학살하는 장소로 사용했다고 한다. 꿈과 희망이 가득해야 할 학교에서 나체로 고문해서 죽어 나간 사람들이 얼마나 많았을까?

우리 민족 역시 일제강점기와 6·25 한국전쟁을 겪으면서 수많은 사람이 고문으로 희생되었고 고국인 대한민국의 땅에서 전사하였다. 그런 슬픔을 함께한 민족이기에 똘슬랭 박물관이 더욱 가슴으로 다가올 수밖에 없었다.

4시간을 달려, 우리가 닷새 동안 머물 푸샷 숙소에 도착했다. 도착한 뒤, 간단한 OT가 있었다. 현지 생활과 봉사 계획에 대한 교육을 받고 봉사 중 현지 주민들께 보여줄 문화 공연 연습으로 하루를 마감했다.

본격적으로 봉사를 시작하는 아침이 밝았다. 첫 번째 봉사는 노력 봉사였다. 노력 봉사는 화장실 설치와 학교 건축으로 내가 찾아간 노력 봉사는 화장실 설치팀이었다. 현장에 가보니 기초 공사는 마무리 단계였다. 우리가 할 일은 벽을 세우고 벽과 벽 사이를 시멘트로 메우면 되는 것이다.

눈으로 볼 땐 벽을 옮기는 것이 그리 안 무거워 보였는데 10명이 따라붙어도 쉽지 않았다. 그래도 하나둘씩 힘을 모으니 어느새 화장실은 제 모습을 갖추어가고 있었다. 노력 봉사에 자재를 옮기는 일은 하지 못하고 화장실의 벽과 벽 사이를 시멘트로 메우는 작업에 팔을 걷어붙였다. 옆에서 보기에는 쉬워 보였는데 막상 해보니 쉬운 작업이 아니었다.

노력 봉사를 마치고 청소년 교류를 위해 고등학교로 이동했다. 방학임에도 이른 아침부터 학생들이 학교에 나와 봉사단을 맞이했다. 두 팀으로 나누어 실내 팀은 한국과 캄보디아 양국에 대해 정보를 공유하고 실외 팀은 예절, 태권도, 탈춤 등 한국 전통문화를 알렸다.

나는 실내팀으로 한국 친구가 영어로 통역하면 캄보디아인 봉사자가 캄보디아어로 통역하는 식으로 다양한 주제의 발표가 진행되었다. 발표 중 현지 학생들에게 가장 인상 깊게 남을 주제는 '캄보디아 성공 사례'가 아닌가 싶다. 캄보디아 여성이 한국에서 경찰이 된 사례를 들으며 현지 학생들은 한국에 대한 인식이 변화된 것 같았다.

준비한 발표가 끝나고 현지 학생도 캄보디아어에 관해 소개를 해주었다. 어린이 교류 때 아이들의 나이를 물어볼 것을 대비하여 숫자 세는 법을 알려주었다. 한국에서는 10단위로 수를 세지만 캄보디아에서는 5단위로 샌다고 한다. 그렇게 청소년 교류는 서로의 문화를 알려주고 이해할 수 있는 자리가 되었다.

청소년 교류를 마치고 어린이 교류 지역으로 향했다. 체육 프로그램부터 두 조씩 연합하여 진행했다. 내가 속한 조는 '둥글게 둥글게'를 진행했는데 언어장벽이 많았다. 아이들이 우왕좌왕하니 우리도 원활히 진행하지 못하고 당황할 수밖에 없었다.

이후 진행한 미술 활동도 내리는 비로 돗자리가 젖은 상태였다. 어쩔 수 없이 스티커 붙이기, 탱탱볼 만들기, 데칼코마니만 진행했다. 그래도 아이들이 즐거워하며 열심히 해주었고 진행하는 단원들도 뿌듯해했다.

매일 활동을 마치고 숙소로 돌아와 피드백을 나누었다. 날마다 피드백하면서 미처 헤아리지 못한 행동, 모범이 되었던 행동들을 허심탄회하게 애기를 나누니 다음 날 활동 할 때 조심하게 되면서 많은 도움이 되었다.

셋째 날, 어린이 교류를 위해 빌봉 지역으로 향했다. 나는 모자이크 조로 5명의 조원과 함께 프로그램을 진행했다. 한 명당 1~2장씩 모자이크를 할 수 있게 진행할 계획이었는데 아이들이 많이 몰려와 준비한 재료는 금방 떨어졌다.

어쩔 수 없이 남은 색종이로 이름을 한글로 적어주는 프로그램을 즉석에서 만들어서 진행하기로 했다. 아이들의 반응은 최고였다. 같은 조원인 한 여고생 단원이 써주는 것을 봤는데 발음을 잘못 알아들어도 최대한 아이가 말하는 것에 귀 기울여서 이름을 써주는 열정에 미소를 지을 수 있었다.

활동을 마치고 주변 정리 후, 차를 타는데 아이들은 헤어짐이 아쉬운지 단원들 품에 안겨 떨어질 줄 몰랐다. 문득 이야기 하나가 생각났다. 미국인 할아버지와 한국인 할머니가 부부로 30년을 사셨는데 할아버지는 한국어를 못하시고 할머니는 영어를 못하셨다. 그래서 할아버지는 영어로, 할머니는 한국말로 하시는데 신기하게도 두 분은 모든 대화가 통한다는 것이다.

현지 아이들과 단원들이 조금 배운 캄보디아어와 영어로 대화했고 그들은 우리가 갈 때마다 꽃을 주며 마음을 보여 왔다. 그런 게 진정한 교류가 아니었을까?

어린이 교류에서 돌아와 숙소에서 작은 세미나로 현지 인솔을 하신 봉사자님의 경험담을 들었다. 봉사자님은 봉사단에게 강력히 말씀하셨다. 한국은 너무 좁기에 우리는 세계에 나가 꿈꾸어야 한다고. 그리고 외국에 나가면 언어는 자연스레 구사되니 두려워 말라고 하셨다.

한국인의 수동적인 삶에 대해서도 말했다. 버스를 타고 가는 승객에게 '지금 여기가 어디예요?'라고 물어보면 대부분 승객이 '몰라요.'라고 대답한단다. 그러면 또 승객에게 '어디까지 가세요?'라고 물어도 답은 '몰라요.'라고 답하는 사람들이 많다고 한다.

청소년들에게 '왜 공부하느냐'고 물어보면 대학에 가기 위해, 대학생들에게 '왜 열심히 하나'고 물으면 취업 잘되기 위해, '취업해서 무엇을 하게'라고 물으면 '잘 먹고, 잘 살고 싶어서'라고 답한다. 한국인의 최종 목표는 잘 먹고, 잘 살기인 것이다. 이런 생각들은 '드는 생각'에 속한다고 하셨다. 봉사자님은 '하는 생각'을 추구하라고 말씀하셨다. '내가 무엇을 해야 할까?' '내가 무엇을 잘할까?'

봉사자님이 파견 기간을 마치고 연장을 고민하시면서 '내가 캄보디아에 있어야 하는 이유'를 쓴 것을 발표하셨다. 그중에서도 인상이 남았던 말씀이 있었다.

'내가 한국 가면 일자리를 구할 것이다. 하지만 여기는 내가 가면 굶어 죽을 수도 있다. 한국에는 내가 아니더라도 일할 사람은 많다. 하지만 이곳은 나 아니면 일할 사람이 없다'는 것이다. 나도 나만이 할 수 있는 일을 찾고 있다. 오직 나만이 할 수 있는 일을 찾아야 한다면 얼마나 행복할까?

아드라코리아가 후원하는 아동의 집에 갔다. 현지 주민들과의 교류로 한식인 주먹밥과 닭볶음탕을 만들어 먹기로 했다. 야채와 닭을 손질하고 주먹밥을 만들어 주민과 함께 맞이할 밥상을 준비했다. 우리도 현지 음식을 먹다가 오랜만에 한국 음식을 먹으니 반가운 나머지, 닭볶음탕 국물에 밥까지 볶아먹었다. 주민들은 매워하셨지만, 우리가 만든 정성에 보답하듯 맛있게 드셔주셨다.

식사를 마치고 문화 공연을 진행했다. 그동안 준비한 난타, 태권도, 댄스 등이 이어졌다. 제일 인기 많았던 순서는 남녀 댄스였다. 남자 댄스팀은 무대의상까지 준비해 열정적인 무대를 보여주었고 여자 댄스팀도 깜찍한 모습에 놀라움을 감출 수 없었다.

5일간의 푸삿 봉사를 마치고 씨엣립으로 이동했다. 씨엣립은 앙코르와트가 있는 관광지이다. 이동하면서 프놈펜, 푸삿과는 전혀 다른 나라라고 착각할 정도로 씨엣립 거리는 고급스러웠다.

새 숙소에 짐을 갖다 놓고 문화 공연 장소로 향했다. 문화 공연을 할 장소를 가니 많은 아이들이 나뭇가지에 묶은 풍선을 들고 우리 봉사단을 반겼다. 씨엣립에서의 문화 공연은 일부 공연만 진행했다. 두 번째라 그런지 모두 한결 여유 있는 모습이었다.

씨엣립에서의 이튿날이 밝았다. 봉사단 단복을 벗고 사복으로 모였다. 앙코르와트에서는 한국어 가이드님 설명 아래, 조별로 움직였다.

앙코르는 계단이 되게 많고 가팔랐다. 계단이 가파르게 만든 이유는 아무리 왕이나 고위층이라도 신 앞에서는 기어 올라가라는 의미에서 가파르게 만든 것이라 한다. 앙코르와트의 여러 사원들을 둘러보며 웅장함과 함께 신성함까지 느껴져, 탄성이 절로 나왔다.

캄보디아에서의 마지막 밤, 모두 한자리에 모여 마지막 피드백을 나누었다. 마지막 피드백 주제는 전체 일정을 마무리하며 소감을 나누는 시간이었다. 솔직하고 여러 이야기가 나왔다. 어느 장애 단원은 "오기 전에 '장애인이 무슨 봉사냐 짐이 안 되면 다행이지.'라는 소리를 들었다고 했다.

캄보디아에 다녀온 지금도 지인들이 말한다. "네가 무슨 봉사야, 놀러 갔다 온 거지." 해외 봉사 모든 프로그램에 100% 참여했다고는 말할 수 없다. 하지만 모든 활동에 단 1%라도 기여했고 그것도 대단한 성과라고 자평한다.

한 단원의 소감도 기억에 남는다. 앙코르와트에서 1달러를 외치며 물건을 파는 아이들을 보며 나도 이 땅에 태어났으면 똑같은 상황이 되었을 것이라며 감사함의 눈물을 닦았다. 그리고 같은 조로 활동했던 누나는 푸삿에서 고등학생 장애 단원 룸메이트였을 때, 짜증도 나고 화도 났었는데 4일간 지내니 그 단원은 장애인이 아니라 여고생이라는 생각이 들었다고 한다. 한 사람, 한 사람의 소감은 책 속에서나 읽을 만한 값진 경험들이었다.

나 역시 솔직해졌다. "처음에는 해외를 나가고 싶은 심정으로 신청했습니다. 하지만 하루하루 활동하면서 끊임없이 새로운 가르침이 저에게 다가왔고요. 10박 11일이라는 시간이 너무 빨리 가서 아쉬운 마음뿐입니다. 이 인연 너무나 소중한 인연이기에 앞으로도 오래가면 좋겠고 건강하게 한국에 돌아갔으면 좋겠습니다."

사는 곳, 살아온 환경, 성격, 모두 각각인 사람들이 청소년 해외 봉사단 일원이 되어 봉사단의 분위기를 만들고, 또 그 분위기에 맞추어 적응하기는 쉽지만은 않았다. 그러나 서로 한 발 뒤에서 양보하고 배려했기에 사고나 다툼 없이 활동 막바지까지 올 수 있었다.

마지막 귀국 날, 캄보디아 장애 당사자들과 교류를 진행했다. 장애 당사자들과의 교류는 UN 장애인 권리 협약, 한국의 장애인 복지 현황, 장애인 활동보조서비스 등 5가지의 주제로 발표하는 것으로 진행했다. 활동보조 서비스, 장애인차별금지법은 장애인들이 직접 투쟁하여 얻은 결과물이라는 것을 보여주며 현지 당사자분들께 동기부여를 했다. 그렇게 10박 11일의 활동은 마침표를 찍었다.

어느 공기 좋은 시골의 원두막에서 大 자로 뻗어 낮잠을 자며 기나긴 꿈을 꾼 것 같았다. 한국으로 돌아온 후, 한동안은 쉽게 캄보디아 시간 속에서 헤어 나올 수 없었다. 10여 년이 지나도 마찬가지이다. 캄보디아에서의 모든 것이 생생하게 기억난다.

지금은 모두 어딘가에서 직장인으로, 결혼하고, 부모가 되어 각자의 방식으로 열심히 살아가고 있을 것이다. 그 역할들 속에서 캄보디아와 봉사단은 어떤 모습으로 남아있을까? 나처럼 단 한 명이라도 기억하며 삶의 길목에서 윤활유로 여전히 남아있을까?

어디선가 단원들을 만나고 선생님들, 현지 봉사자님들을 만난다면 다시 한번, 캄보디아 말로 '안녕하세요.' '감사합니다'라며 인사 나누고 싶다.

"쭈웁립 쑤어", "어꾼 찌란"

하나의 마음과 믿음으로

 JTBC '효리네 민박'이라는 새 예능프로그램 예고 영상을 보게 되었다. 가수 이효리 씨가 기타리스트 이상순 씨와 결혼한 이후 제주도에 자리를 잡았지만, 베일에 싸여있던 부부의 집이었다. 더구나 가수 아이유 씨까지 출연 소식을 듣는 순간, 방송 시간까지 챙겨가며 본방 사수를 마음먹었다.

 효리네 민박 컨셉은 '자연스러움'이었다. 게스트 하우스같이 여행자들이 만나 바비큐를 먹고 술을 마시며 친구가 되고 그 속에서 삶을 이야기했다. 그동안 예능에서 봤던 과장은 찾아볼 수 없었다.

 그중, 가장 인상 깊게 봤던 출연자가 '삼 남매'였다. 10대, 20대. 30대 남매, 활발하고 방송 내내 서로 알콩달콩하던 모습, 그리고 옆 사람을 먼저 챙기는 모습은 기억에 남았다.

 방송 중, 삼남매 둘째인 예원 님은 가지고 있던 가수의 꿈을 이야기했고 자신이 작곡한 곡도 선보였다. 그 노래를 듣고는 이효리, 이상순 부부, 아이유와 함께 녹음까지 해서 '상순이네 민박'을 선보이기도 했다.

 효리네 민박이 종영되고 예원 님이 본격적으로 인디가수의 길을 걷는다는 소식과 더불어 첫 공연을 연다는 소식을 접했다. 홍대 루프탑에서 열린 첫 공연에 갔었는데 데뷔곡 '나의 작은 별에게'부터 방송에서 들었던 '효리네 민박'까지 여러 곡을 들을 수 있었다.

그 첫 공연은 예원 님의 매력에 빠질 수 있는 충분한 시간이었다. 또 한 명 응원할 사람이 생긴 것이다. 예원 님의 팬카페에 가입하면서 닉네임을 쓰는 칸에 기본적으로 입력되는 '도현'을 지웠다. 오직 예원의 팬임을 증명하고 싶은 닉네임을 쓰고 싶었다.

호흡을 가다듬고 생각해 보니 '등대'라는 단어와 이미지가 선명하게 나타났다. 바다 위, 등대를 지키는 등대지기는 한없이 넓은 바다를 만나고, 깜깜한 밤바다에 떠 있거나 혹은 무인도에 홀로 남은 사람들에게 위안이 되는 것이 바로 등대였다. 그 등대가 되어 예원 님의 음악과 모습을 지켜주고 싶었다.

첫 공연에 다녀온 후, 그녀가 하는 공연은 갈 수 있는 한, 모두 가려고 노력했다. 서울, 인천, 처음 가는 낯선 지역과 동네도 마다하지 않았다. 같은 노래, 같은 장소라도 느낌과 감상은 언제나 새로웠다.

예원 님의 무대는 항상 스토리가 있었다. 시인이기도 한 예원 님은 짧은 시간의 무대이던, 긴 시간의 무대이던 책장 속 꽂혀 있는 책처럼 한 장씩 펴보는 맛이 있다. 그중, 다시 펴보고 싶은 공연이 떠오른다. 공교롭게 그 공연 모두 타이틀은 '예원 일기'였다.

마포 MPMG에서 했던 첫 번째 예원 일기 공연에서 고민을 사연으로 받아 예원 님이 노래로 작곡하여 불러준 코너가 있었다. 그때 고민이 있었다. 언어장애. 대학 졸업 후, 사회에 나오니 일을 하기 위해 면접을 보고, 새로운 사람들을 만나면서 항상 언어장애 때문에 어려움이 있었다.

어느 날, 자료를 보다가 '장해'라는 단어를 봤다. 처음에는 오탈자인 줄 알았는데 조사해 보니 '장애'는 가지고 살아가며 뛰어넘을 것은 아니지만 '장해'는 말 그대로 해로운 것이기에 뛰어넘어야 하는 것이라고 한다.

나에게 '언어장애'는 '언어장해'가 된 것이다. 참 많이 우울했고 고민도 많았다. 그 이야기를 풀어 사연으로 썼는데 예원 님은 그 사연으로 노래를 만들어 불러주셨다.

> 한 번만 더 말해주세요
> 나 그대 마음이 들려요
> 소중한 맘이 태어날 때
> 나 조금 느려서 시간이 걸리겠지만
> 따뜻한 서랍 속에서 꺼낸 맘
> 펼쳐 읽고 싶어
> 눈치가 없어서 시간이 걸리겠지만
> 따뜻한 서랍 속에서 꺼낸 맘
> 펼쳐 읽고 싶어요
> 그대 마음이 들려요

그대 마음이 들려요
사람들의 빠른 발걸음
혹여 그대 소리를 지나쳐도
있는 힘껏 숨을 내뱉어
마음이 닿을 때까지
"한 번만 더 말해주세요"   - 정예원

  너무 감사했다. 이 노래를 들으며 정말 많은 힘을 얻었다. 여전히 나에게 언어장애는 장해로 남아있다. 하지만 노래를 듣기 전에 장해와 듣고 나서의 장해는 그 무게가 한층 가벼워졌다. 언제 또 무거워질지는 모르지만, 그때 이 노래를 듣고 싶다.

  그다음으로 홍대 벨로주에서 열렸던 예원 일기 무대가 있었는데 예원 님의 아버지와 "엄마가 딸에게"를 "아빠가 딸에게"로 개사하여 부른 무대가 기억에 남는다. 언제나 이 노래는 양희은 선생님 목소리로 들어도 울컥했는데 '큰일 났다' 싶었다. 바로 앞에서 눈물이 나올까 봐.

  눈을 감고 귀를 열었다. 숨소리마저 노래가 되었던 무대는 객석 여기저기서 훌쩍거리고 흐느끼는 소리가 났다. 내 뺨에도 뜨거운 눈물 한 줄이 흘렀다.

  예원 님의 새로운 공연을 기다리던 어느 날, 몸에 이상이 왔다. 시도 때도 없는 두통이 찾아와 진통제를 먹곤 했다. 오래도록 두통을 참다가 엄마에게 이야기하니 두통이 아니라 어지러움이라고 하셨다. 그로 인해 공연을 보러가는 빈도가 급격히 줄어들었다. 하나, 둘 넘기다 보니 7개월이라는 시간이 지났다.

다시 그녀의 공연을 찾았다. 7개월 사이에 혼자 활동했던 예원 님은 소속사가 생기고 활동이 더 활발해졌다. 오랜만에 찾아간 공연에서 꼭 듣고 싶었던 곡이 있었다. 'With You'라는 2023년 1월에 발매된 곡이었다. 이 곡을 처음 들었을 때, 좋아하는 것을 넘어 내가 사랑하게 된 곡이 되었다. '다음 공연에서 들을 수 있겠지?'라며 들떴었는데 5개월이 지나서야 들을 수 있었다.

어쩜 이리 예쁜 사람이 내게 왔는지
어떤 말을 하면 사랑이 전해질는지
너와 함께라면 세상이 무섭지 않아

처음 만난 순간부터 지금까지 전하고 싶은 말들이 있어도 모두 글로 남기지 못해 아쉬워했는데 그 말들이 위드유 가사에 담겨있었다. 공연을 마치고 늘 그렇듯 퇴근길을 함께했다. 오랜만에 본, 예원 님의 첫 마디는 "진짜 오랜만이에요. 우리 얼마만이에요?"였다. 그 물음에 "백 년 만이요." 맞장구를 치며 서로 웃었다.

집으로 돌아와 가사를 띄어놓고 'With You'를 다시 들었다. '바라는 게 아무것도 없다는 말들이 / 내 맘 가득 쌓여가 / 너라서 괜찮다고 날 안아주는 그 말에 / 무너지는 내 맘엔 그 안에 너란 꽃이 피었네'라는 가사가 다시 마음속에 꽂힌다.

처음 예원 님을 만난 4년 전, 어딘가 쑥스러웠던 미지근함에서 서로 농담의 코드를 맞출 수 있는 아티스트와 팬이 되고, 많은 대화를 나누지 않아도 서로의 눈빛만으로도 많은 이야기를 나눌 수 있는 날, 그런 오늘이었다.

간절한 믿음을 배운 곳

 2008년 한국장애인개발원 사보에서 취재 섭외가 온 적이 있었다. 월간 사보의 기획 코너로 뮤지컬을 보고 대담하는 형식의 인터뷰였다. 나에게는 좋은 기회인 것 같아 섭외를 수락했다. 그리고 같이 온 제안이 있었는데 친한 친구와 함께했으면 하는 것이었다. 고민 끝에 초등학교 4학년 때부터 복지관에서 만난 친구와 함께하기로 하였다.

 인터뷰하면서 봤던 뮤지컬이 '사랑은 비를 타고'였다. '사랑은 비를 타고'는 중학교 때, 이미 봤던 작품이었다. 중1 음악 시간에 리코더 평가가 수행평가로 있었는데 리코더가 어려운 나에게는 음악 선생님께서 음악 관련 영상 감상문을 대체 과제로 내주신 적이 있다. 그 영상을 보니 직접 공연장에서 '사랑은 비를 타고'를 보고 싶었다.

 학기가 끝나고 겨울방학이 되자 엄마, 누나와 '사랑은 비를 타고'를 보러 갔었다. 그때가 중2 겨울방학이었다. 같은 공연장, 같은 공연이었지만 몇 년이 지나 다시 보니 또 다른 느낌으로 다가왔다. 수능을 치르고 홀가분한 마음으로 함께 인터뷰했던 친구와 다시 한번 대학로로 향했다. 뮤지컬 '미라클'을 보기 위해서였다. 검색하면서 제목에 이끌려 선택한 공연이었지만 나의 촉을 감탄할 정도로 따뜻한 뮤지컬이었다.

아이돌 가수로 활동하는 '희동'은 교통사고로 식물인간이 된다. 그렇지만 희동의 영혼은 몸 밖을 빠져나와 병실을 맴돌게 되는데 아무도 그가 내는 외침은 들을 수 없었다. 의사, 간호사들이 상태가 호전되기를 지켜보지만, 의미 없는 일임을 모두가 알고 있다. 그러던 어느 날 희동의 영혼이 신인 간호사 하늬에게 마음을 빼앗기고 그녀에게 자신의 존재를 알리고 싶어 한다. 하지만 하늬의 눈에는 식물 환자일 뿐.

자신의 존재를 알리지 못해 절망하던 어느 날, 옆방에 누워있는 식물 환자 길동 영혼을 만나게 되고 그의 도움으로 하늬와 희동의 영혼은 만나게 된다. 하늬는 그 만남을 정말 믿었고 온 마음을 다해 둘은 사랑했다.

하지만 사랑을 나눌 수 있는 날은 그리 길지 않았다. 두 사람을 이어준 길동은 가족들의 동의로 호흡기를 떼고 세상을 떠난다. 그 충격이 컸던 희동도 상황이 악화하여 뇌사 판정이 내려진다. 하늬는 뇌사 판정을 막아보려고 애를 썼지만 결국 받아들이게 되고 희동은 하늬와 마지막 인사를 남기고 떠나는 것으로 뮤지컬의 막은 내린다.

줄거리만 떠올려도 울컥하는 작품이다. 공연을 보고 나오는 길에 OST가 담겨 있는 CD를 샀다. 미라클이 정말 그리울 때면 이 CD를 듣는다. 15년이 지난 기억이지만 너무 강렬한 나머지

음악을 들으면 무대가 그려진다. 대학로의 공연은 상시 공연이나 시즌 공연으로 10년, 20년 하는 경우가 많지만 지금 미라클은 그렇지가 않다.

극 중, 희동은 뇌사 판정이 내려지고 슬퍼하는 하늬에게 눈을 맞추며 이런 말을 건넨다. "하늬 씨, 날 봐요. 내 눈을 봐요. 나 다시 깨어나지 못했지만, 기적은 그런 게 아닌가 봐요. 기적은 이미 우리가 처음 만났던 그 순간에 일어났던 거예요. 내가 간절히 원했고, 하늬 씨가 날 믿어주었고. 그래서 우리가 만날 수 있었던 것이에요."

성경에서는 '믿는 자에게 복이 있나니'라고 한다. '믿음'은 꼭 종교적인 믿음뿐만 아니라 사람 사이의 믿음, 사랑에 대한 믿음, 나에 대한 믿음, 꿈에 대한 믿음, 모든 것에 적용된다. 그리고 그 믿음은 반드시 복이 있고 결과가 있다는 것을 알고 있다.

나의 학창 시절을 돌아보면 대학 진학을 위해 내 자신이 그렇게 노력은 하지 않았던 것 같다. 하지만 나는 꼭 대학 캠퍼스를 누빈다는 믿음이 있었다. 그 믿음이 있었기에 '노력'이라고 붙이는 행동을 하지 않아도 저절로 노력하고 있다는 것을 알게 되었고 "꿈은 노력해서 이루는 것보다 꿈을 믿어서 이루어지는 것"이라는 것을 깨달았다.

지금도 현대 사회를 살아가면서 꿈 없이 사는 사람들이 많다. 거기에는 많은 이유가 있겠지만 한 가지를 추측하자면 "꿈을 이루기 위한 '노력'에 대한 부담감" 때문이 아닐까 싶다. 나 역시 부담감이 컸으니 말이다.

하지만 믿는다면 다르다. 꿈을 믿고, 꿈을 이룬 나 자신을 상상한다면 나도 모르는 사이, 노력하는 나를 발견한다. 꿈은 노력해서 이루는 것보다 꿈을 믿으면 노력이 따라오고 그 노력을 따라가면 비로소 꿈이 이루어지는 것이다.

미라클을 본 후, 대학로에서 다양한 뮤지컬을 봤다. 〈여우비〉, 〈오, 당신이 잠든 사이〉, 〈김종욱 찾기〉, 〈빨래〉 〈여신님이 보고 계셔〉 등 대학로에서 내로라하는 작품들은 모두 본 것 같다. 자주 다니다 보니 대학로의 극장 지도를 꿰고 있고 가보지 않은 극장들도 대충 지도를 보면 찾아갈 정도이다.

대학로에는 뮤지컬보다 연극이 많이 공연되고 있다. 그동안 나는 음악을 무척 좋아해 뮤지컬을 많이 봤는데 인디가수로 활동하고 계신 정예원 님 친언니이신 정경화 님도 배우로 활동하시는 것을 알았다.

어렸을 때는 뮤지컬에 비해 연극이 시시하다고 느껴졌다. 춤과 노래들이 구성된 뮤지컬과 달리 연극은 연기만 하기에 재미가 없다고 생각했었다. 하지만 1인 방송 시대가 열리면서 '양방향 소통'이라는 말을 많이 쓰는데 양방향의 원조는 공연장이었던 것을 잊고 있었다.

경화 배우님이 출연하시는 연극을 자주 봤었다. 그중 가장 기억에 남는 작품이 있는데 〈골든타임〉이라는 연극이다. 골든타임은 소방관과 소방관 가족들의 이야기이다. 한 가정의 가장이

자 소방관인 동일은 아내 소월과 딸 유니의 귀국으로 행복해하고 후배 소방관인 정환의 약혼자 효령의 임신 소식으로도 즐거운 나날을 보낸다. 소월과 유니는 쇼핑을 위해 백화점을 갔는데 지진과 함께 큰불이 난다. 그 시간 효령도 백화점에 가게 된다.

동일과 정환이 소속된 소방서에서 출동을 나가는데 두 사람은 구조 작업 중 그곳에 사랑하는 아내와 딸, 그리고 약혼자가 있음을 알게 된다. 그것을 알게 된 두 사람은 더욱 위험에 아랑곳하지 않고 필사적으로 수색하여 구조한다.

하지만 정환은 남은 구조 활동을 하다가 빠져나오지 못해 순직했다. 그 소식을 접한 동료들은 오열하고 유니, 그리고 소월은 정환을 향한 마지막 인사와 함께 막을 내린다.

나는 뮤지컬과 연극엔 평점이 후하지가 않다. 그동안 많은 공연을 봤지만 완벽에 가까운 공연일지라도 별 4개와 4.5개를 고민한다. 하지만 정말 〈골든타임〉은 별 다섯 개를 자신 있게 줄 수 있는 공연이었고 내 마음에 미라클과 어깨를 나란히 하게 된 공연이 되었다.

시인이나 수필가, 작가들은 다독(多讀)이 우선이라고 한다. 맞는 말이다. 하지만 연극에서, 뮤지컬에서, 영화, 만화, 드라마, 음악. 세상에 모든 것들의 글을 쓰는 소재가 있고 지혜가 있다. 그것을 찾아내어 해석해 또 다른 예술의 결과로 승화시키는 사람이 예술인이다.

미라클과 골든타임처럼 사람들에게 삶의 메시지를 주는 작품을 보고 또 다른 글로 나아가는 작가, 그리고 좀 더 내일이 나은 사람이 되기 위해 오늘도 연극과 뮤지컬을 찾아다니고 있다.

시선으로부터의 해방

 우리 가족은 일본에 인연이 많다. 고모가 40여 년 전, 일본에 정착하시면서 가족들은 자주 일본을 오갔다. 그래서 사촌 형, 누나, 친누나까지도 유학처로 일본을 선택한 것은 자연스러운 일이었다. 친누나는 요리를 전공해서 도쿄와 오사카에서 유학했었다.

 아버지나 큰아버지는 물론이고 형, 누나들까지 일본에서 오랫동안 생활했지만 내가 처음 일본에 간 것은 고등학교 2학년 시절이었다. 가족 중, 일본 첫 방문이 가장 늦었다.

 초등학교 4학년 때, 담임선생님께서 생일 선물로 『오체불만족』이라는 책을 주셨었다. 친구들이 체육 시간에 운동장을 뛰어다닐 때, 교실에서 오체불만족을 읽으며 체육 시간이 끝나기를 기다렸다. 독서 속도가 느린 터라 완독하기까지는 오래 걸렸지만 팔과 다리가 없어도 전혀 장애를 느끼지 않고 성장해 온 이야기를 엮은 작가의 에세이는 나에게는 큰 충격이었다.

 남의 눈에는 당연히 장애인으로 보이겠지만 정작 본인인 나

는 그동안 '장애'를 별로 인식하지 않고 살아왔던 것이다. (『오체불만족』 본문 中)

"어떻게 장애를 모르고 살았지?" 나의 장애와 비교하기에는 무리가 있었지만, 초등학생이었던 내 시선에서 팔과 다리가 없는 삶을 상상해 본다면 작가와 같은 생각으로 살아갈 수 있을까? 상상이 가지 않았다. 지금 다시 오체불만족을 읽는다면 다른 느낌이겠지만 초등학생 시선에서 이 책을 읽으면서 신선하기도 하면서도 부럽기도 하였다.

그때부터인 것 같았다. '도대체 일본이라는 나라는 어떤 나라이길래 장애를 인식할 수 없었을까?'라는 의문이 들면서 일본을 동경하고 꼭 가보고 싶던 나라가 되었다.

고등학교 2학년 때, 그 버킷리스트를 비로소 이룰 수 있었다. 고모의 초청으로 도쿄에 갔는데 가장 달콤한 맛은 '해방된 시선'이었다.

우리나라도 지금은 많이 변했지만 초등학교, 중학교 때까지만 해도 지하철과 거리를 다니면 장애가 있는 나를 쳐다보는 시선이 따가웠다. 마치 동물원의 우리 안 동물이 된 느낌이었다. 하지만 일본에서는 어디를 가나 힐끔, 힐끔 쳐다보는 사람들이 없었다.

지하철을 타도, 버스를 타도, 사람들이 붐비는 그 어디를 가도 대중들은 나를 쳐다보지 않고 자신의 길을 갔다. 혹여 내가 지나가면 한 발 옆으로 걸음을 옮겼다. 그러면서 그들은 한결같이 소리 내어 말하는 문장이 있었다. "스미마셍" 한국에서는 느낄 수 없었던 배려였다.

그 소리를 들은 나는 "아리까또 고자이마스"라며 연신 인사를 했다. 시선으로부터의 해방이 얼마나 큰 해방인지 일본에서 느낄 수가 있었다. 이런 말을 하는 나 역시, 나와 다른 장애가 있는 사람을 보면 자연스럽게 눈길이 간다. 그런 내 시선을 알아차릴 때마다 참 죄송스러워 시선을 거둔다. 장애 당사자들을 보려고 보는 것도 있지만 무의식적으로 보게 되는 것도 있다고 생각한다.

일본에 있는 동안 지하철과 버스를 타고, 관광지와 음식점 등 다양한 곳을 가봤다. 여행자의 시선인지라 생활적인 부분은 다를 것이다. 그럼에도 여행자의 시선에서 보자면 일본 사람들은 장애인에 대한 인식이 한국 사람이랑 조금 달랐다.

장애가 있는 사람들과 장애가 아닌 사람은 우리와 다른 존재라는 것이 한국 사람의 의식구조이다. 그에 반면 일본 사람들은 장애가 있는 사람을 특별하다거나 이상한 사람이 아닌 그저 나와 다른 사람으로 받아들인다는 느낌을 많이 받았다.

그런 나에게 엄마는 일본 사람들의 장애인 인식이 한국보다 깨어있는 것이라고도 볼 수 있지만 개인적인 성향과 피해주기 싫어하는 일본의 국민성이 더 많이 작용하는 이유가 더 크다고 말씀하셨다.

하지만 이유가 어떻든 장애인들이 사람으로서의 살아갈 수 있는 사회라면 동경하게 되는 사회가 아닌가 싶다.

  2009년에 처음 가본 일본이었지만 십수 년이 지난 지금은 일본에서 느낀 것과 한국에서 같은 느낌을 받을 때가 많다. 우리나라도 그만큼 장애가 있는 사람에 대한 인식이 향상되었다는 방증이다. 그래도 내 욕심인지는 모르겠지만 아직 우리나라에서 장애가 있는 사람에 대한 인식은 일본에 비하면 부족해 보인다.

  좀 더 일본 사람들의 장애가 있는 사람을 바라보는 의식처럼 한국 사람들이 바라본다면 우리나라는 선진국 복지국가로 나아가는데 큰 진전을 이룰 것이다.

신사의 스포츠, 배구

한 발씩 늦다. 아니 몇 발짝씩 늦는 것 같다. 항상 가수도, 드라마도, 영화도 인기가 절정일 때, '뭐지?'하며 보고 홀딱 빠지는 경우가 대부분이다. 2020 도쿄올림픽 여자배구도 그중 하나였다. 내가 응원하는 스포츠팀은 늘 '대한민국'이었다. 올림픽, 월드컵과 같은 국제대회만 챙겨보았지, 프로스포츠는 잘 보지 않았다. 그것도 스포츠에는 문외한이어서 기본적인 규칙도 모른 채 응원할 때도 많았다.

올림픽에서 여자배구는 보려고 본 것이 아니라 채널을 돌리다가 보게 되었다. 그날은 한일전으로 기억한다. 한일전은 어느 스포츠, 어느 대결에서도 이겨야 하는 상대이다.

4세트까지 엎치락뒤치락하면서 경기를 이어 나갔던 그날, 승부는 5세트까지 흘렀고 12:14 일본의 세트포인트까지 일본의 승리가 거의 확실해지던 경기였다. 더구나 초집중 상황에서 세터 염혜선 선수와 안혜진 선수 교체가 필요하였는데 교체 실수로 공격수 김희진 선수와 안혜진 선수가 교체되었다. 모두가 당황했던 코트와 감독, 벤치, 웜업존이었다.

하지만 주장인 김연경 선수는 차분하게 주심에게 확인받은 후, 당황한 안혜진 선수에게 "해, 해. 하면 돼." 단호하게 서브를 넣도록 했다. 안혜진 선수를 올림픽 경기에서만 봤기에 그렇게 대담한 성격인지는 몰랐다. 하지만 서브 넣는 선수 입장에서 상상해 보자면 공의 무게가 엄청 무거웠을 터.

물을 쏟으면 그릇에 담을 수 없다는 것은 누구나 알고 있다. 그때 그냥 망연자실하거나 허둥지둥하는 경우가 많을 것이다. '피할 수 없으면 즐겨라.'라는 말처럼 그냥 하다 보면 길은 열린다. 그날의 경기도 그랬다. 안혜진 선수에겐 부담스러운 서브가 무사히 잘 들어가 박정아 선수가 한 점을 꽂아 넣고 한 점이 일본의 아웃으로 매치포인트가 되고 마지막 처내기 기술이 역전의 승리를 가져왔다.

몇 년이 지나도 드라마 같은 그 세트를 돌려보면서 벅참을 온몸으로 느끼고 있다. 그 경기 후반을 보면 승리 순간, 웜업존의 선수들 뒷모습이 나온다. 대기해 있는 선수들이 서로 간절하고 응원하는 어깨동무를 하며 지켜봤고 승리가 확정된 순간 환호하며 코트를 달려 나가는 장면, 벤치 스태프들도 용수철이 달린 것처럼 펄떡펄떡 뛰는 장면, 아직도 그 장면은 짜릿하기만 하다.

재미있게 봤던 올림픽이 끝나고 나는, 그해 여자배구의 경기들을 모두 시청했다. 팬들이 찍어 올린 영상에서 선수들의 뒷모습, 경기 준비하는 모습 등 여러 에피소드를 보면서 정말 코트 안에서는 경쟁심이 불타오르는 선수들이지만 경기 전과 후, 배구 선수들은 상대 팀, 우리 팀 가릴 것 없이 장난치고, 이야기를 나누던 친구, 언니, 동생이었다.

   그중, 인상 깊게 본 영상이 있었다. GS와 현대건설의 경기 날이었다. 21-22시즌의 현대건설은 30전 27승 3패 어마어마한 성적으로 정규시즌 1위였다. 아쉽게도 코로나 확산으로 인해 시즌이 종료되어 우승까지 승점 1점을 남겨두고 조기 종료했지만. 그러나 다음 시즌에도 현대의 기세는 어마어마했다. 5라운드 GS 현대건설 경기는 손에 땀을 줬던 경기로 치열했던 게임이었지만 결국 그 게임도 현대건설이 이겼다. 경기를 마친 후, 양 팀 모두 나가는 길이었다. 현대의 한 선수가 GS 선수를 보고 웃는 것이다. 그러자 GS의 선수도 웃으며 손잡고 이야기를 나누고 다른 선수들도 어깨 토닥이고 어깨동무를 하는 것이다.

   경기 때는 무섭도록 서로를 향해 공을 때리던 선수들도 자신의 공격이 상대 얼굴을 맞거나 상대가 경기 중에 다치더라도 얼른 코트를 넘어가 사과하는 것. 그 모습을 볼 때마다 경쟁이 치열해도 경기 밖에서는 친구였고 언니, 동생이라는 것, 그것이 배구 코트에서 알려준 지혜이다.

   배구에 푹 빠져 시간이 가는 줄 몰랐던 6개월의 시즌은 막을 내렸다. 다시 도쿄올림픽의 감동을 떠올릴 수 있는 세계대회인 VNL과 세계선수권, 아시안게임이 다가온다. 황금기를 이끌었던 김연경, 김수지, 양효진 선수가 물러난 첫 대회이기에 여자배구 대표팀은 기대보다는 비관적인 시선이 많다.

그리고 안타깝게도 비관적인 시선들이 맞아 들어가고 있다. 그동안 한국 배구가 김연경 선수에만 의존한 탓이다. 하지만 나는 강한 대한민국 대표팀을 믿고 싶다. 다시 처음부터 천천히 틀을 잡아가고 준비해 간다면 대한민국 여자배구도 세계 속에 당당히 서는 날이 올 것이라는 것을 믿는다.

나에게도 김사부는 있을까?

 금요일과 토요일 밤을 기다리며 김사부를 애청했던 두 달이 지나갔다. SBS 〈낭만닥터 김사부〉를 처음 만난 것은 2016년 시즌 1 때였다. 한석규 배우를 필두로 유연석, 서현진 배우 등 신인배우와 인기배우, 그리고 이름이 브랜드인 명배우들이 어울려져 만든 드라마였다.

 트리플 보드의 의사, 죽는 사람도 살린다는 천재 의사 부용주, 거산대병원 최고의 의사로 이름을 날렸다. 그런 그에게 부용주 선생님이라는 이름 대신, '사부님'이라고 부르는 학생이 있었다. '장현주'.

 의대 학생이었던 장현주는 치료가 가능한 환자이기도 했다. 그렇지만 자신의 병보다 간절했던 것은 꿈이었다. '의사'라는 꿈. 그런 장현주에게 부용주 의사는 자신의 꿈, 그 이상이었다.

 입원 중 장현주는 부용주를 따라다니며 의대생으로 질문을 마음껏 한다. 부용주는 그런 제자가 기특하면서도 무심하고, 귀찮은 듯 멀리하고자 한다. 하지만 이름까지 물어보며 졸졸 따라다니자 부용주는 대충 둘러대기 위해 '김사부'라고 답한다.

 거대병원에서 옳은 말만 했던 의사 부용주를 거대병원 도윤

완 원장은 자신의 길을 막는 걸림돌이 될 것으로 생각하여 부용주의 자리를 뺏기 위해 장현주를 이용한다. 수술 없이 완치할 수 있었던 장현주를 부용주가 다른 수술에 들어간 사이, 자기 오른팔이었던 송현철 외과 과장에게 수술을 지시한다. 그렇게 송현철은 수술하지만 수술 중 장현주가 사망한다. 하지만 서류를 조작하여 수술 집도의를 부용주로 만든다. 자신의 탓으로 장현주가 사망했다고 생각한 부용주는 모든 것을 내려놓는다.

그 뒤 부용주는 돌담병원이라는 시골 병원에 자리 잡는다. 닥터 부용주가 아닌 닥터 김사부로. 돌담병원은 '정선'이라는 지역의 시골 병원으로, 카지노와 관광 지역이기도 한 정선의 유일한 병원이기도 하다.

응급실은 항상 바람 잘 날이 없는 곳이다. 돌담 의료진은 얼마 안 되는 적은 인원이었지만 눈빛만 봐도 손발을 맞추는 의료진이었다. 그런 돌담병원에 약혼자의 죽음으로 충격에 떠돌다 온 응급의학의 윤서정, 자신의 욕심에 일반 환자와 VIP 환자 수술을 바꾸었다가 쫓겨 온 외과 전문의 강동주, 그리고 부용주가 거대병원 분원인 돌담에 있다는 것을 알고 도윤완 원장의 명을 받고 온 아들 외과 전문의 도인범.

세 의사는 실력 있는 의사였다. 그렇지만 환자보다도 명예와 뒷배경만 중요하게 여기는 의사들이었다. 시즌 2, 3에도 또 다른 의사들이 나온다. 대학병원장 아버지와 수석 의사 친오빠를 둔 외과 전문의 차은재, 부모님이 돌아가시고 돈을 좇아 의사가 된 서우진, 응급의학과 윤아름까지.

 윤아름 선생을 제외한 두 의사 역시, 의사의 사명보다는 돈과 부모님을 위해 의사가 된 사람들이었다. 그런 의사들을 보며 김사부는 돌담즈를 만들고 싶어 한다. 돌담즈는 부용주 같은 전설의 의사가 아니다. 환자들을 먼저 생각하고 생명을 귀하게 여기는 김사부 같은 의사가 돌담들이다.

 '낭만닥터 김사부'는 의학 드라마이다. 하지만 소재만 의학일 뿐, 이 드라마를 의학 드라마보다는 '삶의 메커니즘' 드라마라고 부르고 싶다. 미로처럼 지나가다 앞이 막히면 당황하는 미로가 아니라 삶 속에서 수많은 일을 마주하고 해결해 가면서 삶의 구조를 그려갈 수 있는 드라마가 '낭만닥터 김사부'인 것이다.

 시즌 1, 2, 3을 모두 본 나로서는 한 회, 한 회 장면들이 기억에 남는다. 그중, 시즌별로 돌아보면 시즌 1에서는 메르스 장면의 김사부와 중앙재난센터의 통화 장면이 생각난다. 응급실에 가족 3명이 들어왔는데 중상을 볼 때, 메르스가 의심되었다. 그래서 응급실에 있던 강동주가 응급실 폐쇄 결정을 내리고 누구도 들어가지도, 나가지도 못하게 한다.

 밖에 있던 김사부는 재난 컨트롤타워에 상황을 공유하고 방역 이송차를 요청한다. 하지만 실무자는 보건소에 요청했다며 기다리라고만 한다. 김사부는 여유가 넘치는 실무자에게 자신이 직접 하겠다며 전화를 끊는다.

 다행히 반나절이 지나 메르스는 수산물로 인한 감염으로 판정되고 응급실 폐쇄는 해제된다. 코로나 때가 생각난다. 2020년 1월 첫 국내 감염 이후, 코로나는 걷잡을 수 없이 퍼져나갔고 우리나라 65% 이상의 국민이 감염되었다.

처음 경험한 사태였다. 몇 년 전, 메르스 사태를 한번 경험했지만 180명, 코로나 확진보다는 극히 적었다. 그래서 우리는 감염병에 대해 무뎠다. 메르스를 계기로 또 다른 감염병을 대비했다면 코로나도 이렇게 되지는 않았을 것이다.

시즌 2에서는 돌담병원 여운영 원장의 존엄사를 대하는 장면이 생각난다. 여운영 원장이 본원 도윤완 원장의 흉계로 돌담 원장직을 내려놓게 된다. 사퇴 전, 여 원장은 폐암 말기로 진단을 받지만, 김사부와 박은탁 간호사만 알고 있었다.

어느 날 여 원장은 쓰러져 응급실로 실려 온다. 이미 의식이 없는 여 원장에게 처치를 하는데 그 순간, 심정지가 오고 옆에 있던 정인수 선생은 심폐소생술을 하려고 한다.

그러나 은탁 간호사는 정 선생을 가로막는다. 심폐 소생 거부자인 것이다. 그 사실을 눈치챈 정 선생은 김사부만 애타게 바라보고 김사부는 고민 끝에 심폐 소생을 지시한다. 여 원장은 의식을 찾지만, 김사부에게 자기 뜻을 존중해달라고 부탁한다.

누구보다 여 원장에게 의지했던 김사부는 고민 끝에 그 뜻을 받아들이고 호흡기 등 의료 소생 기계를 제거한다. 그렇게 여 원장은 모두의 배웅 속에 편안히 생을 마친다. 이 에피소드는 대한민국에서, 아니 세계에서 논란이 되는 '존엄사'를 다뤘다.

태어남도, 죽음도 선택한다는 것은 상상할 수 없는 문제이다. 하지만 병의 고통이 따르는 본인과 보호자는 어떤 가치를 선택해야 할까? 너무 어려운 문제이다. 어떤 것을 선택해도 논란은 존재하기에 심사숙고해서 선택해야 할 것이다. 그리고 그 선택은 누구도 비난과 비판할 자격은 없다. 생과 사의 선택은 어렵지만, 우리에게 고통을 감내하라는 의무는 없으니 말이다.

시즌 3에서 가장 중심이 되었던 것이 '예산'이었다. 김사부의 숙원이었던 '돌담권역외상센터'가 완공이 되었지만, 외상센터 운영을 위해 도의 지원이 절실했다. 여 원장의 후임인 박민국 원장은 예산을 지원받기 위해 의회를 찾아다닌다. 그러나 의회의 일원인 고경숙 의원은 돌담이 아닌 다른 곳에 예산을 배정하고자 하는 인물이다.

어느 날, 고 의원의 아들이 사고로 외상센터에 실려 오는데 큰 소견이 없어 치료 우선순위가 뒤로 밀린다. 그 사이 고 의원 아들은 갑자기 복통을 호소하며 숨을 거두게 된다. 안 그래도 눈엣가시인 돌담외상권역센터의 예산을 더욱 강하게 저지하고 의료 소송까지 하게 된다.

김사부와 돌담즈는 아들의 상황을 사과하면서도 고 의원에게 이곳이 왜 존재해야 하는가를 행동으로 보여준다. 어느 날, 산불로 들어온 환자들로 정신없는 날이었다. 의료진 모두가 달려들어 치료하고 수술하는데 산불의 방향이 바람으로 인해 돌담병원 쪽으로 바뀐다. 돌담병원에도 화마가 덮칠 것이라는 직감을 하고 의료진도, 환자도 대피한다.

그때, 거짓말처럼 비가 쏟아지고 돌담병원을 향하던 불길은 잡혀간다. 하지만 산불 현장에 시찰을 나갔던 고 의원은 불길에 두 보좌관이 다치지만, 주변 구급대의 도움도 받을 수 없는 상황이었다. 그래서 고 의원이 직접 두 보좌진을 태우고 외상센터로 온다.

산불 대피로 일부 의료진 외엔 없었지만 '살린다'라는 일념으로 처지하고 밤새 두 보좌진을 수술한다. 수술을 성공적으로 집도하고 나오는 김사부와 고 의원은 눈이 마주친다. 김사부는 말없이 지나치려고 하지만, 고 의원은 묻는다.

"왜 아무 말도 안 합니까? 지금 상황이 기회 아닌가요? 외상센터가 왜 필요한지, 지금 겪어보니 어떤지, 한번은 물어볼 법한 상황은 되는 거 같은데?" 지나가던 김사부는 걸음을 멈추고 고 의원을 향해 몸을 돌려 말한다.

"굳이 묻지 않아도 이미 느끼신 것 같은데요? 의원님, 재건축, 신도시, 아무리 많이 지어놓으면 뭐 합니까? 아프면 갈 병원이 없는데. 아이가 아파도 갈 소아과가 없고 심정지가 와도 CPR을 해줄 응급실이 사라져 가는데. 산불만 재해가 아닙니다. 당장 죽게 생겼는데, 갈 병원이 없어서 구급차에서 몇 시간을 헤매다가 길바닥에서 죽는 것, 그것도 재해입니다."

김사부는 말을 이어 나갔다. "학교가 무너지고 병원이 사라지는 그런 나라에 무슨 희망이 있겠어요?"라며 "아드님 일은 가슴 아프지만 더 이상 그 죽음을 핑계 삼아 의원님이 해야 할 일을 외면하지 마세요. 정치질 말고 정치를 하세요. 제대로, 똑바로."

1분가량의 긴 대사는 드라마 안에서만 아니라 현실 정치에, 현실 사회에 던지는 촌철살인이었다. 사람이 살아가는 데 필요하지 않은 것은 단, 하나도 없다. 돈도, 명예도, 욕심도. 그러나 우선순위는 선택할 수 있다. 그리고 그 선택이 삶을, 세상을 전혀 다른 방향으로 이끌기도 한다.

김사부는 돌담의 제자, 환자들한테 늘 말한다. "우리가 왜 사는지, 무엇 때문에 사는지를 잊지 마라. 그것을 잊는 순간, 우리의 낭만은 깨지는 것이다.", '낭만닥터 김사부'를 삶의 메커니즘 드라마라고 생각하는 이유가 바로 이것이다.

생로병사와 희로애락을 끊임없이 겪는 것이 '삶'이지만 그 삶 속에서 우리는 왜 살고, 무엇 때문에 사는지, 방향과 이유를 알고 살아간다면 우리는 어떤 상황에서도 당황하지 않고 앞으로 나아갈 것이다.

'낭만닥터 김사부'를 보면서 "과연 나도 김사부를 만날 수 있을까? 이 세상에 김사부는 존재할까?"라는 생각을 했다. 천재 닥터, 최고의 의사 부용주는 이 세상에도 있을 것이다. 하지만 부용주와 김사부는 분명 다르다.

자신의 실력만 믿은 채, 최고의 의사로 살았던 닥터 부용주는 신체적인 병을 치료하고 생명을 연장시키는 기술자에 불과했다. 그러나 닥터 김사부는 생명을 살리는 것이 아니라 삶을 살리고 일으키는 의사이고 스승이었다.

나에게도 스승이 많다. 많은 가르침을 주시는 소중한 분들이시다. 그렇지만 '생'이라는 미로 속에서 막힘에 당황해하지 않고, 좌로 가고, 우로 가도 되고 아니면 뒤로 돌아갈 수도 있는 과감함, 그런 용기를 가르쳐 줄 김사부를 만나고 싶다.

낭만닥터 김사부 세 시즌 모두, 시청자들을 빠져들게 했다. 그리고 종영하자마자 시청자들은 다시 낭만닥터 김사부 4를 기다리고 있다. 이것이 단순한 배우들의 인기 때문일까? 우리의 삶의 이유를 갈구하고 존재 이유를 사유하는 사람들이 많아졌다는 방증이기도 할 것이다.

몇 년 후, 우리들의 낭만이 사그라질 때, 김사부와 돌담즈는 다시 돌아올 것이다. 아니, 돌아왔으면 좋겠다. 그래서 또 한 번 그들에게 듣고 싶다. "우리가 왜 사는지, 무엇 때문에 사는지를 잊는 순간, 우리들의 낭만은 깨지는 것이다."라고.

나를 만나는 여정

 밸런스 게임이라고 해서 둘 중 하나를 선택해서 취향을 알아보거나 개인의 성격까지 알아볼 수 있는 게임이 있다. '산 vs 바다', '짜장 vs 짬뽕' 같은 간단한 것부터 짓궂은 질문이나 생각을 하게 되는 질문까지 참신한 질문도 많아지고 있다. 밸런스 게임은 비록 재미이지만 자기 PR 시대를 사는 오늘, 미처 알아차리지 못했던 자신을 발견하기도 한다.

 부산에 자주 가게 되면서 밸런스 게임의 단골 문항인 '산 vs 바다'의 질문에는 "바다"라고 자신 있게 선택할 수 있게 되었다. 은사 스님이 부산에 계시고 대학 동기들의 모임이 잦아지면서 부산에 가지만, 부산에 간다고 해서 무조건 바다를 보지는 않는다.

 스님이 계신 절도 바닷가 쪽이 아니고 친구들과 만날 때도 시내 음식점이나 그런 곳으로 가지, 일부러 다대포나 영도 같이 해변 쪽으로 가지 않는다면 바다를 보기는 어렵다. 동명대도 1년 다녔지만 학교와 기숙사만 다녀서 바다를 본 기억은 부산항과 가까운 부산역에 오갈 때뿐이었다.

 그래서 바다를 보지 못하면 부산역에서 멀리 보이는 항구를 보며 아쉬움을 달래곤 했다. 친구들은 부산역 중심으로 모이는 것을 선호했다. 거기서 움직이는 것이 쉽고 기차를 타는 나를 배려하는 것도 같았다.

나 역시, 부산역이 익숙하다 보니 그 주변에서 숙소를 찾는다. 복이 많은 건지 모르겠지만 전동스쿠터를 타고 다녀도 단거리 실내 보행이 가능하다. 굳이 장애인 객실이 아니어도 1층이나 객실 복도에 스쿠터를 세울 수 있고 콘센트만 있다면 그곳을 숙소로 정한다.

그 조건으로 찾다 보니 부산역 옆에 있는 아스티 호텔을 자주 가고 있다. 무엇보다 접근성이 괜찮고 복도에 스쿠터를 세워놓기도 괜찮은 호텔이다. 호텔에서는 주로 배달 음식을 시켜 먹곤 한다. 무엇보다 먹고 싶은 것을 마음껏 시켜 먹고 쉬는 것이 나의 여행 스타일이다. 호텔의 꽃은 조식이지만 혼자 가면 도움을 받는 것도 한정되어 있기에 배달로 아쉬움을 달랜다.

그런데 호텔 조식보다 해양의 도시인 부산에서 바다를 원 없이 보지 못하는 것이 못내 아쉬웠다. 부산역에서 부산항이 보인다고 하지만, 그것으로는 채워지지 않았다. 또 아스티 호텔도 부산항 오션뷰 객실이 있긴 하지만, 멀리 보이기도 하고 앞에 가리는 건물도 있어서 부산역 광장이 보이는 시티뷰가 나왔다. 객실에서 부산역 광장과 거리를 하염없이 보고 있으면 그곳을 오가는 사람들의 일상에서 많은 표정들을 만나기도 한다.

그 표정들 속에도 많은 가르침을 얻는다. 하지만 바다를 바라보고 싶은 마음이 더 크다. 그래서 부산역에서 가깝고도 바다를 원 없이 볼 수 있는 호텔이 없을까 하고 찾아봤다. 그렇게 찾아낸 곳이 송도 해수욕장이었다. 해운대와 광안리, 송정 등만 알고 있던 터라 그곳 중심으로는 많이 찾아봤지만, 송도는 생각하지 못했다. 어렸을 때, 가족과 부산으로 여행을 가서 케이블카를 탄 기억이 있는데 거기가 송도였다는 것을 최근에서야 알게 되었다.

송도는 부산역 인근이어서 접근도 나쁘지 않았다. 또 해수욕장 주변이라 호텔이 없을 리가 없겠다고 생각하고 찾아보니 '베스트웨스턴호텔'이라는 곳을 찾을 수 있었다.

지금은 이름이 변경되어 '그랩디 오션 송도'라는 호텔인데 4성급으로 시설도 나쁘지 않고 무엇보다 바로 앞이 바다와 케이블카가 있어 경치는 너무 좋다. 물론 날짜에 따라 가격 변동이 심하지만, 그 가격을 주고라도 하루 또는 이틀 정도 쉬었다 오면 정말 푹 쉰 느낌이 들었다.

송도에 많이 묵어보니 산과 바다의 밸런스 게임에서 바다를 자신 있게 고를 수 있게 되었다. 바다는 끝이 없음을 알았기 때문이다. 지구가 둥그니 바다는 끝도 없이 이어지고 풍경도 1분, 1초가 달라진다. 그리고 어느 생명에게도 자리를 내어주고 보듬는 곳이 바다라는 것을 알게되었다.

그 바다를 보며 나 역시 모든 것을 받아들이고 분별없는 마음을 가지고자 다짐한다. 부산에 갈 때면 이 두 호텔을 번갈아 이용한다. 약속과 기도 일정이 많으면 이동하기 편한 부산역 아스티에, 시간적 여유가 있고 쉼을 목적으로 간다면 송도로 가는 편이다. 한 곳에만 있을 때도 있지만 때론 두 곳에 번갈아 가며 묵기도 한다.

 전 직장 동료와 스쿠터를 타고 부산을 간 이후, 서울, 혹은 경기지역에서 부산까지 활동 범위가 넓어진 것은 나에겐 큰 소득이다. 부산을 다니며 자연스레 '장애인 여행'에 대해서도 관심을 두게 되었다. 전동휠체어를 이용하는 당사자 여행 작가로 활동하시는 분들도 많아져서 여행 정보를 공유하고 있고 여행사나 공공기관에서 여행지 편의시설을 조사하고 촉진하며 장애 당사자들이 여행할 수 있는 여건들이 점점 만들어지고 있다.

 하지만 국내 교통수단이나 비행기 탑승은 전동휠체어, 전동 스쿠터 이용 당사자들에 대한 여건과 환경이 제각각이다 보니 장애가 없는 사람들에 비해 쉽지 않다. 그럼에도 '여행'이라는 분야에 도전하는 장애 당사자들이 많아졌으면 좋겠다.

 여행은 우리의 삶이 향상됨은 물론, 시설과 인식의 변화에도 많은 영향을 미칠 수 있기 때문이다. 그 역시 장애인식 개선, 자립생활 활동의 일환이 되기도 한다.

 국제 구호 활동가로 알려진 한비야 활동가는 '여행은 다른 문화, 다른 사람을 만나고 결국에는 자기 자신을 만나는 것'이라고 했다. 여행이란 때로는 혼자, 때로는 친구, 지인과, 또 때로는 모르는 사람들과 만나는 길에서 다양한 경험을 하고 그 속에서 나를 만나는 여정임을 깨닫는 길이 되는 것이다.

2부

많아지는 것보다 깊어지고 싶다

'반말 금지법'을 사회에 발의하며

예전에 봤던 TV 프로그램 하나가 떠오른다. 학교에서 학생들에게 반말이 아닌 존댓말로 수업하고 대화를 나누는 선생님들을 찾아 이야기를 듣는 방송이었다. 검색해 보니 2000년대에 방영했던 MBC 하자하자, '존댓말로 수업하자'라는 주제로 한 방송이다. 학생 인권을 존중하기 위해 시작한 방송은 총 5개의 각각 다른 주제로 방송했는데 그중 가장 반응이 좋았던 주제였다.

20년 전, 지금보다 자율적이지 않았던 학교에서 방송의 주제로 잡은 이유는 무엇일까? '존중의 문화'를 확립하기 위함이 아니었을까? 영어권에서는 반말과 존댓말의 개념이 없다. 동양의 고유한 문화이다.

유교의 어른 공경 사상, 다시 말해 어린 사람이 상대적으로 나이가 많은 사람을 존경한다는 의미로 언어에도 그대로 나타난 것이다. 이처럼 교단, 특히 초등학교, 중학교, 고등학교에서 선생님들이 반말로 수업하고 학생들을 대하는 것이 우리나라에서는 지극히 당연한 일이다.

그럼에도 반말이 아닌 존댓말로 하자는 프로그램을 기획했던 이유는 무엇일까? 또 시청자들의 반응이 뜨거웠던 까닭은 무엇일까? 유교에서 어른 공경, 다른 말로 이야기하자면 수직적인 상하 관계에서 존중의 시대로 변했다는 방증일 것이다.

하지만 오늘도 그것을 받아들이지 못하거나 예외적으로 취급하는 경우가 있다. 장애가 있는 사람이다. 특히 나이가 어려보이지만 뇌성마비 당사자 경우를 보면 실제로는 30~40대 이상일 경우가 참 많다. '동안'이라는 단어가 요즘 사회에는 칭찬, 혹은 긍정적인 단어로 사용되는데 때로는 장애 당사자들에게 자신의 무례한 행위를 정당화시키는 방어기제로 사용된다.

그것을 우리는 '차별'이라고 한다. 하지만 안타깝게도 '장애인차별금지법'을 찾아봐도 반말이 차별되는 예는 없다. 이것은 '법'의 문제가 아닌 '윤리'적인 문제, '도덕'적인 문제이기 때문이다. 그럼에도 나는 윤리적인 접근이 아닌 법의 문제, 법적인 접근으로 이어져야 한다고 생각한다. 양심의 문제가 아니라 차별의 문제이기 때문이다.

얼마 전, 모임을 마치고 길을 가는데 누군가가 나를 보고 '안녕'하고 지나간다. 스쳐 지나가면서도 '어디서 많이 봤는데'라는 생각이 들 뿐이었다. 어디서 봤는지 생각하고 있는데 옆에 같이 걷던 형이 "우리 모임 하는 건물, 경비아저씨잖아."

아, 그제야 기억났다. 그 아저씨는 처음부터 나에게 반말했다. 아주 친절하게. 하지만 늘 그 아저씨를 보면 '아, 씨, 저 아저씨는 맨날 반말하네.' 속으로 짜증이 올라왔다. 한번 말할까 생각도 해봤지만, 그냥 넘기곤 했다.

그리고 커피를 마시러 다른 건물에 가서 로비에서 기다리는데 또 그 건물 경비가 "나갈 거야?"라고 반말로 하는 것이다. 순간 화가 치밀어서 "반말하지 마." 큰소리를 질렀다. 그 경비아저씨는 두 눈이 동그래지며 다가왔다. "반말하지 마시라고요." 언어장애가 있고 흥분된 상태이니 더 전달력은 떨어지곤 한다. "뭐라는 거야" 그 경비도 맞받아친다. 그때 같이 있던 일행 중 한 분이 "내가 얘기할게." 나를 진정시키며 "반말하시면 안 돼요. 반말들을 나이 아니에요." 하셨다.

　그 말을 들으시고 나를 빤히 보더니 "나도 칠십이야."라며 소리쳤다. 그렇다면 경비아저씨보다 어린 모든 사람에게 그 아저씨는 반말해야 된다. 당연하다.

　이틀 후에 그 건물에 갈 일이 있었다. 로비에서 기다리며 그 경비아저씨를 관찰했다. 장애가 없는 다른 사람에게 반말하지 않았다. 웃으며 깍듯이 대했다. 30대 직장인으로 보임에도 말이다. 이틀 전, 잘못이 없다고 소리치던 경비아저씨는 어디 가셨을까?

　시간이 지나니 괜스레 경비아저씨께 죄송해진다. 길에서 모임 장소 건물에서 경비아저씨를 만나지 않았다면 그냥 넘어갔을 일이었다. 하지만 이것은 분명 차별이다. 사소함이 큰 것을 낳는 법이다.

　여러 활동으로 사회에서 주목받고 있으신 소셜테이너가 계신다. '존댓말과 반말', '장애인의 차별', '장애인의 탈시설'에 대해서 많은 의견과 강의를 하시고 계신 분이다. 그분 SNS를 보다가 글이 올라와서 간단히 댓글을 달았는데, 답글로 "처음 보는 사람에게는 존댓말을 쓴다는 기본적인 예의가 장애인 앞에서는 자꾸 예외가 되어버리는 마법"이라고 댓글을 다셨다. 공감의 웃음은 지었지만, 가슴 한편에서는 아려왔다.

정말 그런 마법은 통하는 세상인데 왜 우리가 꼭 필요한 마법은 통하지 않는 것일까? 사소한 사례들이 장애인에게는 '허용이 된다'라는 차별을 낳는 것이기에 나는 분노했다. 하나하나 대응하자면 정말 끝도 없다. 아니, 내가 지치고 만다. 무대응이 최선의 방법이라는 말이 내게도 적용되는 것 같다.

존댓말과 반말은 더 이상 위계질서가 아니다. 장애와 장애가 없는 것을 떠나 친밀감의 척도고 존중의 의미가 되기도 한다. 또한 사람 사이에 관계를 나타내기도 한다. 하지만 그것이 차별적 언어가 되고 윤리의 문제로 치부하고 말 것이라면, 그리고 권력과 통제적 언어가 된다면 다시 한번 깊이 되짚어 봐야 할 화두이다.

평범하게 산다는 건

　EBS는 채널을 돌릴 때, 거침없이 넘겼던 채널 중 하나였다. 고3과 동시에 졸업한 채널이기 때문이다. 그러던 어느 날, 여느 때처럼 채널을 돌리던 중, 13번에서 리모컨을 멈추었다. '배워서 남줄랩'이라는 프로그램이 방영되고 있었다. 10대 후반, 20대 초반 젊은 래퍼들이 모여 다양한 주제로 강의를 듣고 그 내용을 랩으로 녹여내는 프로그램이었다. 그날 방송은 지체 장애 김원영 변호사와 유튜버 구르미 님이 출연하여 장애에 대한 다양한 이야기들을 나누는 시간이었다.

　새로운 시각으로 봤었던 '배워서 남줄랩'은 래퍼들의 의미 있는 무대로 방송은 마무리되고 다음 방송 예고가 이어졌다. 창살 사이로 성인 발달장애인이 방충망에 코를 맞대고 카메라를 응시하고 있는 사진 한 장이 나왔다. 자막에는 '18년 만에 다시 같이 살기로 했습니다.'와 함께 어느 분의 강의가 예고되었다.

　인터넷으로 찾아보니 사회, 정치에 대해 콘텐츠를 만드시는 유튜버였다. 하지만 시간 순서대로 영상의 비중이 사회, 정치에서 동생과의 일상 영상이 많이 올라온 것을 알 수 있었다. 1살 터울에 발달장애 여동생과의 여행기를 시작으로 다양한 영상이 올라와 있었고, 그 영상들과 함께 〈어른이 되면〉이라는 다큐멘터리 영화를 제작해 상영관에서 상영 중이라는 것을 알게 되었다.

영화를 당장 가서 보고 싶었지만, '배워서 남줄랩' 방송을 먼저 기다려 보기로 했다. 한 주가 지나 방송을 볼 수 있었다. 그 방송은 영화로 시작했다. 한 살이 많은 언니가 중증 장애 거주 시설에 찾아가 발달장애 동생을 만나는 장면이 나온다.
"만약 누군가, 열세 살의 나에게 이렇게 말한다면 나는 어떤 기분이었을까? '너는 이제 가족들과 떨어져서 외딴 산꼭대기 건물에서 지금껏 한 번도 본 적 없는 사람들과 평생을 살아야 해. 그게 네 가족들의 생각이고 너에게 거절할 권리는 없어. 이게 다 네가 장애를 가지고 태어났기 때문이야.' 나는 동생을 동생이 원래 있던 곳으로 다시 데려와 함께 살기로 마음먹었다. 우리가 태어나고 함께 자랐던 바로 이 사회에서, 우리는 함께 살아보기로 했다"라는 내레이션과 함께.
어느 주말, 약속을 마치고 저녁에 상영하는 '어른이 되면'을 보자는 계획을 세웠다. 영화를 보니 지난 일주일 사이에 여러 방송을 찾아보고, 유튜브 영상을 보고 갔던 터인지라 새로운 장면은 많지 않았다. 하지만 인상적인 것은 막내 언니의 영화 초반과 시간이 지날수록 변화되는 모습이었다.
언니는 동생이 있는 시설에 가서 "혜정이 건강해? 언니 좀 봐봐. 인사 좀 해줘 봐봐. 안녕" "안녕" 하는 장면과 시설 거주인

행사에서 막내 언니 얼굴에 립스틱으로 칠하고 마스카라도 아닌 매직으로 눈썹과 코를 칠해 마치 피에로를 연상시키는 장면이 짧게 나온다.

그 장면을 보며 '저 분장을 막내 언니가 원해서 한 분장들이었을까? 아니면 어쩔 수 없이 해야만 했던 분장은 아니었을까?'라는 생각이 들었다. 둘 중, 어느 것인지는 알 수 없지만 저 행사는 분명 '우리 시설에서 이렇게 잘 돌보고 있다'라고 보여주기 위한 행사였을 것이다. 마음이 아려왔다. 하지만 영화 초반에 나온 영상은 이미 지나간 과거 영상이었다. 영화에서는 중간중간 막내 언니의 개성 있는 모습에 불쑥불쑥 웃음이 나왔다.

처음 웃음이 터졌던 장면은 노들 야학 미술 시간이었다. 미술 시간에 함께했던 언니가 다른 색의 물감을 찍어보자고 권유하자 한번 찍어 보곤 '다 했다'고 말했다. 그 말을 들은 둘째 언니는 '아니야, 여기도 찍어보자'라고 권유했다. 그 말에 막내 언니는 "아니긴 뭐가 아니야"라고 되받아쳤다. 의외의 답에 웃음이 터진 것이다.

영화를 보면서 참 많은 생각을 했다. 먼저 반성부터 해야 했다. 나는 발달장애 친구가 없다. 평소 장애 차별 철폐 운동에 대해 동조하고 마음으로 연대를 하는 사람임에도 발달장애가 있는 사람들에 대한 차별이 있음을 고백한다.

장애 유형에 따라 지체장애 당사자가 뇌성마비를, 뇌성마비가 발달장애를 때로는 차별하고 스스로가 우위에 있다고 여러 시선과 행동 속에서 느끼곤 했다. 심지어 같은 뇌성마비일지라도 자신이 경증이라는 이유로 중증인 당사자를 가르치려 하는 등 당사자 간 차별도 존재한다. 그 생각을 하면서도 나 역시 모르게 차별심이 있었음을 고백한다.

나보다 어려운 장애 당사자를 만나면 그들과 함께하는 것이 아니고 내가 우월하고 내가 가르칠 존재로 여겨왔기 때문이다. 이런 나의 오만과 자만을 마주했을 때, 무릎을 꿇고 반성하고 싶었다.

몇 년 전에 불교 포교사 연수를 받을 때, 장애 아동 거주 시설에 방문한 적이 있다. 봉사활동 명목이었다. 내가 그곳에 가서 봉사한다는 것이 웃기는 일이었지만 포교사 자격을 부여받기 위해선 어쩔 수 없이 가야만 했다.

그곳에 같이 간 분들은 봉사를 마치고 나에게 "넌 행복한 거야"라고 하나같이 말씀하셨다. 시설에 있는 사람들을 보니 집에서 자유롭게 사는 내가 행복하고 감사하게 여겨야 한다는 것이었다. 무슨 의미인지는 알지만, 마음은 편치만은 않은 이야기였다. "아, 예"하고 씩- 웃을 뿐이었다.

그때, 나에게 '탈시설'의 개념이 명확했고 관심을 두었다면 포교사 자격 부여 여부를 떠나, 그곳에 가기를 거부했을 것이다. 둘째 언니는 '탈시설'이라는 말은 흔히 시설에서 집으로 돌아오는 것으로 생각하는데 더 넓은 의미로는 시설에 있는 사람들이 '시민'으로 돌아오는 것을 '탈시설'이라고 했다.

방송 진행자는 둘째 언니에게 "발달장애인을 잘 대하는 방법이 있나요?"라고 질문을 했다. 그 질문에 둘째 언니는 반문했다. "비장애인을 잘 대하는 방법이 있나요?" 발달장애인을 잘 대하는 방법은 특별히 없다는 것이다. 사람 간의 예절만 지키면 된다.

사람에 따라 필요한 부분들은 장애가 있는 사람들과 함께 다니면서 자연스럽게 알아 가면 되는 것이다. 장애가 있는 사람들과 식사하게 된다면 그냥 혼자 식사할 수 있을지, 아니면 도와주어야 하는지 물어보면 되는 일이다.

둘째 언니는 "동생과 소통이 안 되는 경우가 되게 많은데 근데 사실 저희 인생을 통틀어 봤을 때, 발달장애인과 소통이 안 되는 것보다 비장애인과 소통이 안 되는 경우가 더 많았다"라며 출연진의 공감을 자아냈다. 그러면서 "안 되면 뭐 어쩌겠어요? 안 되는 대로"라며 답을 마무리하였다. 그런데 그 답을 들은 나는, 어떠한 말보다 위로가 되었다.

모든 사람이 서로 소통이 되지는 않는다. 언어가 서로 다를 수 있고, 사투리가 심해 대화가 어려울 수도 있다. 그럴 때, 모든 대화를 반드시 이해할 필요는 없고 때론 이해도 시키기 어렵다. 그때는 인정하고 넘어가면 되는 것이고 천천히 다시 말하거나 다른 방법을 찾으면 된 것이다.

대한민국 사회에서 장애가 있는 사람들을 보는 시선은 딱 두 가지이다. 측은해하거나 연민심이 가득한 시선, 혹은 베토벤이

나 헬렌 켈러처럼 인간 승리자로 보는 시선.

　장애가 있는 사람들을 바라보는 시선은 이 두 가지 시선 밖에는 없다. 혹여 다른 시선이 있다면 그것은 극소수일 것이다. 장애 당사자들도 스스로 그 프레임에 갇혀 사는 분들도 많고, 그 중 나도 있었다. 하지만 그 두 시선 모두, 동정과 차별심이 바탕이 된 시선임을 알아야 한다.

　　언젠가 정말 할머니가 된다면
　　역시 할머니가 됐을 네 손을 잡고서
　　우리가 좋아한 그 가게에 앉아
　　오늘 처음 이 별에 온 외계인들처럼
　　웃을 거야

　영화 '어른이 되면'(장혜영, 2018) OST 가사의 일부이다. 세상 사람들은 끝없는 경쟁 속에서 어렵고 치열하게 살고 있다. 그런데 왜 장애가 없는 사람들도, 장애가 있는 사람들도, 서로 본인들이 더 힘들다고 생각할까? 물론 장애를 가지고 살아가기엔 이 세상이 버겁다. 하지만 장애가 없는 사람들도 삶의 무게를 지고 살아간다.

　그 종류가 조금씩 다를 뿐, 누구에게나 호락호락한 세상은 아니다. 그렇기에 서로 삶의 무게를 비교하는 것은 어리석은 생각이다. 그저 서로의 길을 갈 뿐이다. 평범하게 말이다.

　한 달이 넘게 관심 있게 보고 읽으면서 조금 더 일찍 알았으면 오프라인에서도 많이 만날 기회가 있을 터인데 한없이 아쉬울 뿐이었다. 기회가 된다면 둘째 언니와 막내 언니를 꼭 뵙고 싶다. 그리고 꼭 큰 가르침을 전해주어서 감사하다는 마음을 전하고 싶다.

※ 이 글은 2019년에 쓰였다. 글을 쓴 이후, 감사하게도 장혜영 감독님과 장혜정 작가님과 인연이 닿아 차도 한잔하는 등 여러 차례 만날 수 있었다.

장애가 있는 사람

"내가 네 눈을 보니 너는 장애인 아니다."

어느 스님께 처음으로 인사드리러 갔다가 들었던 말이다. 이 말을 들은 나는, 좋아해야 할까? 말아야 할까? 물론 나를 위해 하신 말씀이라는 것은 잘 알고 있다. 하지만 이 말씀이 불편한 것은 사실이다.

방송과 신문 인터뷰를 몇 번 나간 적이 있다. 그런데 그 기사의 타이틀은 늘 한결같았다. '장애를 이기고', '장애를 극복하고'. 그럼에도 어렸던 나는 그저 신문과 방송에 나가는 것이 즐거웠고 개천에서 용 난 것처럼 들떠 있었다. 하지만 이제는 그런 타이틀을 접하면 별로 반갑지가 않다.

종종 지인이 자신의 자녀나 어린아이가 이상하게 쳐다보면 "이 오빠 아파서 그래." 짧은 시간에 상황을 둘러대는 말로 쓰고 있다. 또한, 언론에서도 '장애를 앓고-'라는 내용을 자주 볼 수 있다. 이것은 잘못된 표현이다. 장애는 질병이 아니기 때문이다.

그래서 언제부터인가 나의 장애를 소개할 때 '병'에서 '불편'으로 표현이 바뀌었다. 나 자신도 '몸이 불편한 사람'이라고 소개한다. 하지만 생각해 보면 내가, 나 자신을 불편하다고 생각한 적이 없다. 내 몸이 아프지도 않다. 타인이 나를 볼 때, 글 쓸 때, 필체가 다르고, 밥을 먹을 때, 조금 흘리고 걷는 것, 교통을 이용할 때 등 부분적으로 불편함을 느낄 뿐이지 나는 거의 불편하지가 않다.

장애인을 '병'과 '불편'이라는 단어로 연결하는 것은 비장애인 중심 사회에서 쓰는 언어이다. 장애는 불편한 것도, 그렇다고 이상한 것도 아니다. '병病'은 더더욱 아니고.

2021년 발표에 따르면 우리나라 등록 장애인 수는 전체 인구의 5.1%라 한다. 10%도 안 되는 인구이지만 우리 사회에 적지 않는 숫자이다. 그중, 등록되지 않아 통계에 잡히지 않는 장애인도 있을 것이다.

그러면 우리는 얼마나 편견 없이 장애인들을 만나고 있을까? 사회는 다양하게 변화하고 있는데 왜 장애는 있는 그대로 이야기하지 못하고 장애를 돌리고 축소해서 이야기해야만 할까? 그것이 장애 당사자들을 위한 것일까?

우리나라가 장애인에 대해 비장애인들의 인식도 많이 개선되고 장애에 대해 많이 알게 되면서 사회가 많이 변한 것은 사실이다. 편의시설도 많아졌다. 그렇지만 좀 더 깊숙이 들여다보면 사회의 인식과 시설 등 장애 당사자들이 아직 살만한 나라는 아니다. 겉만 좋아졌다고 보일 뿐, 여전히 부족함과 편견에 장애 당사자들은 맞서고 있다.

　모든 직장인이 성폭력 예방교육과 더불어, 장애인식개선교육을 의무적으로 받고 있다. 그러나 항상 강의는 똑같았다. 법정 장애 유형 소개하고 그 유형에 따른 에티켓, 장애 당사자 동료와 일하는 데 있어 편견을 넘어 동료로서 함께하자는 내용. 그것이 장애인 인식개선교육의 전부였다. 2018년부터 의무화된 뒤, 몇십만, 몇백만의 직장인들이 매년 들었을 텐데 5년이 지난 지금, 장애인식 개선이 얼마나 되었을까? 차별은 줄었을까?

　장애 학생 대학 진학 운동을 하시는 김형수 대표님의 세바시 강연을 인터넷으로 들은 적이 있다. 대표님은 불편한 이야기를 해보겠다면서 이야기를 시작하셨다.

　"장애인식개선교육이 되면 장애인 차별이 없어지나요? (여성 인권, 노동자의 인권 등) 다른 소수자의 인권에서는 '인식 개선'이라는 말을 안 붙이는데 왜 장애인 인식개선은 늘 인식 개선일까요? 그렇게 되면 고용이 늘어나나요? 이것은 철저한 '대상화'입니다."

　장애인식개선교육을 한다고 장애 인식이 완전히 개선되기는 어렵다. 하지만 개인적으로 이런 장애인식개선교육이 필요 없다고 생각한다. 중요한 것은 '인식 개선'이 아니라 '장애인에 대한 의식 개선'이 필요하기 때문이다.

　국어사전에 보면 '인식'의 뜻은 "사물을 분별하고 판단하여 앎"이라고 되어있다. 그에 반면 '의식'은 "사회적·역사적으로 형성되는 사물이나 일에 대한 개인적·집단적 감정이나 견해나 사상"이다.

그렇다. 우리 사회에 필요한 것은 '장애인에 대한 인식' 개선이 아니라 '장애인에 대한 의식'이 개선되어야 한다. 그럼 장애인에 대한 의식 개선을 위해 무엇을 해야 할까? 첫 단추는 '장애인도 사람'이라는 것을 명확히 해야 한다. 사람들과 만나다 보면 장애인을 나와 다른 사람으로 보는 것보다는 아예 다른 존재로 보는 것 같다는 느낌을 자주 받는다.

몇 가지 경험한 사례를 들어 이야기하자면 처음 만나는 사람이나 아직 어떠한 관계를 형성하지 않은 상태의 사람들에게서 언어장애가 있다는 이유로, 본인과 소통이 어렵고 나이에 비해 어려 보인다는 이유로, 반말로 대하는 경우가 많다. 하대하는 것이다. 일일이 "왜 반말하세요?"라고 물어보지 않지만 참다 참다 물어보면 당황스러워하며 "너무 어려 보여 그랬다." 나의 겉모습을 핑계 삼아 자신의 실수를 감추고 합리화를 하려고 한다.

얼마 전부터 겪은 일이 있다. 절에 다니면서 인사를 나누는 거사님이 계시는데 오가며 인사를 나누는 관계이다. 그런데 어느 날부터 인사를 하면서 아이 머리 쓰담 듯 머리를 만지시고 내 엉덩이를 툭 치신다. 옆에 엄마가 계신대도 말이다.

너무 순식간에 일어난 일들이라 당황스러웠다. 보리수아래에서 아시아장애시인과의 교류와 불교문화 순례로 미얀마에 다녀온 적이 있다. 미얀마 현지 가이드님이 제일 먼저 하신 말씀이 '아무리 어린아이라 할지라도 절대 머리는 만지지 마라'였다. 미얀마의 문화에서는 머리는 신체에서 가장 존귀한 부분으로 인식하고 있으며, 머리를 만지는 것은 그 사람에 대한 모욕이나 공격으로 간주할 수 있다는 것이다.

하지만 그 의미는 미얀마에만 국한되는 것은 아닐 것이다. 우리나라에서 머리를 만지는 행위는 어른들이 어린아이에게 만지는 경우와 종교적으로 성직자들이 기도나 세례를 내리는 성스러운 행위를 할 때 외에는 거의 보지 못했다.

머리를 만지는 사람들의 마음엔 하대와 지배의 의미가 있는 것이다. 물론 거사님께서 응원으로 보내는 마음이라는 것은 알 수 있다. 하지만 이와 같은 일들은 나뿐만이 아니고 많은 장애 당사자가 겪는 일들이다.

나를 장애인이기 이전에 서른셋 청년이라 생각하셨다면 그러셨을까? 설사 응원일지라도 사람과 사람 사이의 기본적인 예의는 필요한 것이다.

어떤 사람에게는 그냥 넘길 만큼 사소하게 느껴질 수도 있다. 너무 사소한 것들이기에 한 편의 글로 담아낼 주제라고 미처 생각하지 못했다. 그렇지만 그냥 넘긴다면 더 큰 문제를 야기하고 말 것이다.

우리는 초등학교 도덕 시간에 웃어른을 공경하는 예절 등 아주 기본적인 것들을 배운다. 그렇지만 외국인을 대하는 방법, 직장인을 대하는 방법, 유치원생을 대하는 방법 등을 배우지는 않는다. 이론적으로 배울 필요가 없기 때문이다. 살아가면서 사람들과의 교류 속에서 습득하면 되는 것들이다. 그것을 우리는

'도덕, 윤리'라고 한다.

　그런데 왜 장애인에 대한 것은 누군가가 꼭 말해주고 조언을 해줘야 할까? 물론, 일부는 가르쳐 줘야 한다. '시각장애 당사자 보조하기, 뇌성마비 장애인이랑 식사하기' 등. 하지만 초면에 말 놓지 않기, 의사를 물어보고 도움주기 등 사람 간의 예의까지 가르쳐 주는 것은 이상한 것 아닌가?

　혹자는 이렇게 말할 것이다. "우리가 방법적으로 알아야 도와줄 것이 아니냐?", "장애인들에게 실수하지 않기 위해서"

　비장애인들은 장애인들을 만나면 무조건 도와주어야 할까? 비장애인들은 장애인들에게 실수하면 안 되는 존재일까? 이것을 지금 생각해 보면 '계급화'된 비장애인들의 의식에서 비롯된 것이다. 인도의 카스트제도처럼 비장애인 아래는 장애인이라는 의식이 내재해 있기 때문이다.

　장애인들에게 혼자 할 수 있는 부분은 존중해야 한다. 그리고 장애를 가졌다고 완전히 사람들과 다른 존재가 아니다. 기본적으로 장애인과 장애인, 장애인과 비장애인을 떠나 그냥 사람과 사람으로 만나고 마주하면 된다.

　장애인에 대한 의식 개선의 첫걸음은 '장애인도 사람이다.'라는 것을 확립하는 것이다. 그래서 나는 "장애인을 '장애가 있는 사람'이라고 부르자"라고 주변 사람들에게 전하고 있다. '장애인'과 '장애가 있는 사람'은 같은 말이다. 하지만 장애가 있는 사람이라고 일부러라도 풀어서 부르게 되면 좀 더 '장애'보다 '사람'이라는 것에 중심을 두게 되지 않을까 생각한다.

'더불어 살자'라고 많은 사람은 말한다. 더불어 산다는 것은 "도와주어야지", "위로해 줘야지", "힘을 줘야지"라는 생각이 아니다. "너 장애는 아무것도 아니야!" 당사자의 입장이 되어보지도 않고 단지 위해준다는 이유 하나만으로 그렇게 쉽게 던질 수 있는 말도 아니다. 그것은 동정에 불과한 것이다.

나는 당신에게 '친구'가 되고 싶다. '장애 친구'가 아니라.
나는 '장애 직장인'이 아니라 '직장인'으로 살아가고 있다.
나는 '장애 불자'가 아니라 그저 '불자'로 신행 활동을 하고 있다.
나는 '장애 청년'이 아니라 '청년'으로 살아가고 있다. 평범하게 말이다.

많아지는 것보다 깊어지고 싶다

 '학교에서 만난 친구들'을 학교 친구라고 부른다. 요즘은 어떤지 모르지만 내가 초등학교 때만 하더라도 친구들과 같이 하교하거나 축구를 하는 풍경들이 이어졌다.

 항상 그 풍경들이 부러웠다. 나는 늘 엄마가 옆에 있었으니, 엄마랑 함께 등·하교하는 친구로 학교에서는 인식되어 있었다. 그래서 초, 중, 고등학교에 다니는 동안 학교 밖에서 놀았던 기억이 가물거린다. 초등학교 때부터 고등학교 때까지 특수학교가 아닌 흔히 말하는 일반 학교, 통합학교에 다녔다.

 부모님께서 나를 통합학교에 보낸 까닭은 특수학교를 간다면 관계의 폭이 축소되지 않을까 걱정하신 것이다. 통합학교에 다녀도 장애 학생들은 특수반에 가는 경우가 많았지만 나는 행정적으로 지원받을 때 외엔 단 한 번도 간 적이 없었다.

 그렇다고 학교 친구들과 마냥 가까운 관계는 아니었다. 애매한 학창 시절 속에서 '친구'에 대한 갈증은 늘 있었다. 하지만 대학에 가니 서로 함께 해주는 동기들이 생겼고 그 동기들을 통해 친구들의 관계를 새롭게 배울 수 있었다. 동명대를 그만두자는 말이 나왔을 때, '불교문화학과'를 그만둔다는 아쉬움보다 친구들과 함께할 수 없음이 더 아쉬웠고 속상했다.

  은사 스님께서 부산으로 가신 이후, 본격적으로 부산을 자주 오간다. 그 덕분에 지금은 동명대 동기들이랑 모임을 만들어 1년에 3~4번씩 인연을 이어가고 있다. 낮에는 친구 차로 영도나 강서 등 부산 곳곳을 다니고 밤에는 숙소에서 맛있는 것을 먹으면서 여러 이야기를 나누는 것이 우리의 모임이다.

  한번은 친구들한테 부산에서만 만나지 말고 다른 곳에도 가보자고 했다. 친구들은 동의했고 우리는 얼마 되지 않아 제주도로 향했다. 2박 3일의 짧았던 여행이었지만 지금까지의 여행 중에 가장 행복했던 여행이었다.

  친구들은 부산에서, 나는 서울에서 출발해 제주에서 만났다. 공항에서 렌터카를 빌려 월정해수욕장 근처, 해물 라면집에서 첫 점심을 먹으며 여행의 시작을 알렸다. 라면집 옆으로는 천국으로 가는 계단이 설치되어 있었다. SNS에 자주 올라와서 한 번쯤은 찍고 싶다고 생각했는데 정말 찍게 되니 기뻤다.

  사진을 찍고 월정해수욕장에서 바닷바람을 맞았다. 친구들도 제주의 바다를 보며 "와, 바다다."라며 반가워했다. "부산에서도 바다를 많이 보는데, 그래도 신기해?"라고 물어보니 부산 바다와 제주 바다는 다르다고 했다. 바다에 가까이 사는 친구들이라 다른 지역의 바다는 감흥이 없을 것으로 생각했는데 바다도 지역에 따라 다른 분위기와 느낌을 주는 것 같았다.

월정해수욕장 바닷바람을 맞으며 숙소로 향했다. 숙소에서 저녁 겸 친구들과 술잔을 기울였다. 제주에 오면서 있었던 일들, 학교에서의 일들을 추억하며 첫날밤의 하루는 새벽까지 이어졌다.

이튿날 차에서 김밥으로 아침을 먹으며 구좌에 있는 비밀의 숲으로 향했다. 하늘 높게 뻗은 소나무들이 양옆으로 촘촘히 서 있는 숲길이었다. 땅도 비교적 고른 편이라 휠체어도 다니기 편안했다. 걸음을 옮기는 곳마다 한 폭의 그림으로 이어져 있어 어디에서 찍어도 인생 사진으로 남길 수 있었다.

비밀의 숲을 나와 우도로 향했다. 물결치는 바다를 가로지르며 입도하는 배 갑판 위에 서 있으니 내 마음도 시원해졌다. 우도에서는 스쿠터를 빌리거나 전기자전거, 혹은 순환버스를 이용해서 다니는 것이 우도를 관광하는 방법이다. 우리는 순환버스를 타려고 했지만, 휠체어를 탄 나를 보며 버스 기사는 안 된다고 했다. 친구들이 휠체어를 들고 탄다 해도 손사래는 여전했다.

퇴짜를 맞은 우리는 근처 카페에서 음료 한 잔을 마시며 고민해 보기로 했다. "여기까지 왔는데 스쿠터 빌려서 우도 한 바퀴 도는 게 어때?" 스쿠터 두 대와 전기자전거 한 대를 빌리러 갔다. 그때 시간이 오후 세 시 반이었다. 네 시 반이 마지막 배인데 4~50분이면 우도 한 바퀴는 돌 수 있다고 한다. 시간이 촉박하긴 했지만.

스쿠터로 가르는 우도의 바람은 참 시원했다. 해안도로로 달리는 속도는 더욱 내 마음을 뻥 뚫리게 했다. 카메라로 여기저기 한창 사진 찍으며 가고 있는데 갈림길에서 사람들이 가는 반대로 운전대를 돌렸다. 지금 생각해 보아도 왜 그랬는지는 아무도 모른다. 그냥 앞만 보고 달리다 뭐에 홀린 것 같았다.

점점 관광객들은 보이지 않고 민가와 편의점이 보였다. 무엇인가 이상한 느낌이 들었다. "왜 여기 온 거야?"

"몰라. 여기가 어디야?"

그제야 우리는 한목소리를 냈다. 마지막 배의 시간이 얼마 안 남았을 때였다. "큰일 났다!" 모두가 허둥대는데 정말 드라마에 한 장면처럼 어느 분이 나타나셨다. "오늘 안 나가요?"

"나가야 하는데 길을 잃었어요." 사장님은 길을 알려주시면서 빨리 선착장에 가서 스쿠터는 아무 데나 세워놓고 배를 타라고 했다. 내비게이션을 보며 선착장으로 가는 시간을 확인했다. 친구는 앞만 보고 정신없이 밟았다.

겨우 출발 5분도 남기지 않은 시간, 선착장에 도착해 거친 숨을 몰아쉬었다. 알고 보니 길을 알려주신 사장님은 선착장 관계자셨다. 하마터면 예약 숙소를 날리고 옷가지도 없이 어느 우도 숙소에서 하루를 지낼 뻔했다.

돌아가는 배에서 바다 위 수평선을 바라보았다. 해가 저물고 있었다. 일몰 시각이었던 시간, 마지막 붉은빛이 파랗던 바다를 물들였고 파도는 잔잔하게 일렁였다. 또다시 연신 핸드폰 카메라 셔터를 눌렀다. 나의 사진 실력으로는 그 풍경을 온전히 담기 어려웠지만 파란 바다는 저무는 해를 받아주고 있었다.

붉은 해는 24시간 하늘을 차지하지 않는다. 아침이 되면 새벽 여명을 뚫고 나와 낮 동안 그 자리에서 빛을 내려주다가 시간이 지나면 다시 자리를 넘겨준다. 그러는 동안 해는 아무 말이 없었다. 묵묵히 그 일을 할 뿐이다.

제주도에 온 우리들의 우정도 비슷하다고 생각했다. 대학 졸업 후, 부산에 갈 때마다 동기들은 '바쁘다', '못 만난다.'라고 말한 적이 없었다. "형 와요?" 하면 친구들은 숙소를 알아보고 "이번엔 어디로 돌까?" 항상 고민하면서 같이 놀러 다녔고 저녁이 되면 술잔을 기울이며 이야기를 나눌 수 있는 우정이 감사할 뿐이다.

여전히 우리는 만남을 이어오고 있다. 어느덧 7년이다. 동명대를 그만둔 지 12년, 시간이 흘렀음에도 동기들과 함께하고 있는 것이 감사하다. 더욱이 불교문화학과라는 뿌리가 인연이기에 친구들과의 만남이 더욱 감사해진다.

8년차 장애인 노동자가 내는 목소리

대학을 졸업하면 취업은 따 놓은 당상이라 착각했다. 그때도, 지금도 취업은 하늘의 별 따기이지만 장애인 취업은 조금 다를 거라고 생각했다. 10년 전에도 장애 대졸자는 많이 없었기 때문이다. 2022년 통계를 보면 고등학교 졸업생의 대학 진학률은 73%라고 한다. 10년 전까지만 해도 80% 가까이는 진학한 것 같았는데 지난 10년 사이에 많이 변한 것 같다.

그래도 10년 동안 변하지 않은 통계가 있다. 장애 학생 대학 진학률이다. 2022년 장애 학생 대학 진학률을 보면 20%로 비장애 고등학교 졸업생 진학률과는 엄청난 차이를 알 수 있다.

그 낮은 진학률을 구성하는 나였기에 나도 모르게 자만심이 있었다. 입사지원서에 '대학교 문학사'라는 한 줄 적는 것이 얼마나 큰 자부심이었는지 모른다. 하지만 세상은 냉정했다. 대학 한 줄보다는 나의 장애가 먼저 앞섰다.

이력서를 넣으면 서류는 거의 붙었다. 하지만 면접에만 가면 늘 낙방이었다. 가장 큰 요인은 '언어'였다고 생각한다. 그때부터 나에게 언어장애는 '언어장해'가 될 정도로 큰 콤플렉스였다.

지금도 이력서 폴더에는 많은 이력서들이 남아있다. 그 가운데서도 처음 들어간 직장이 어느 자립센터였다. 졸업하고 두 달이 지난 시기였다. 졸업하자마자 장애인자립센터 위주로 구직했었고 면접을 봤던 센터도 참 다양했다. '5만 원 줄 테니 일하자'라는 센터도 있었고 무급을 유도하며 '일단 활동부터 시작하고 나중에 다시 이야기해 보자'라는 센터도 있었다. 직원으로 채용하기보다는 센터의 실적을 위해 이용자로 생각하고 있거나, 아니면 불합격을 통보하기 위한 방법이 아니었겠느냐는 생각이 든다.

그런 센터는 과감히 문밖으로 나왔다. 취직하려는 이유는 돈을 벌기 위함이다. 그런데 이용자부터 시작하라니. 그럴 여유가 없었고, 그럴 이유도 없었다. 돌고 돌아 강서의 한 자립센터에 취업했는데 애석하게도 일주일 만에 퇴사했다.

따뜻한 학교생활만 하다가 시베리아처럼 차가운 사회에 준비가 되어있지 않은 채, 입사를 한 것이다. 자신만만하고 즐겁게 준비했던 나날들이 점점 두려워졌다.

그러는 사이 제안 하나를 주신 분이 계셨다. 활동하면서 인연이 닿은 노무사이신데 그분의 친한 대표님의 회사에 입사 제의를 받은 것이다. 마트에 캐셔나 매장 관리 인력을 공급하는 아웃소싱 업체로 장애인고용부담금을 내고 있으니 그 부담금을 줄이고자 고용하겠다는 것이다.

일정 규모의 회사들은 국내법상, 장애인의무고용으로 3%의 장애인 근로자를 채용하게 되어있다. 채용하게 되면 사업체에 중증장애인 기준으로 남성은 70만 원, 여성은 90만 원이 고용보조금으로 매달 지급된다.

하지만 채용하지 않게 되면 월 120만 원에서 최대 해당 연도의 임금을 부담금으로 내게 되어있다. 그럼에도 많은 회사, 심지어 공기업, 공기관들도 의무 고용을 이행하지 않고 있다. 회사로서는 장애인을 고용하는 것보다 고용부담금을 내는 것을 이익으로 보는 것이다.

그 고용부담금으로 장애인고용공단을 운영하며 직업훈련, 알선 등을 하고 있다. 하지만 이는 분명 고쳐야 할 제도라고 생각한다. 한없이 당사자들에게 직업훈련이나 단순노동에만 투입해 통계만 올릴 것이 아니라 제도적, 법적인 장치를 보완해야 더 나은 장애인 고용이 이루어질 수 있다.

노무사로서는 나에게도, 아웃소싱사도 서로에게 이익이 될 것으로 생각하셨다. 주어진 업무는 매일 4시간, 노무 관련 게시물을 올리는 것이 업무였다. 그 시간에 나는 올리는 것은 적더라도 항상 4시간은 컴퓨터 앞을 지켰다. 그리고 업무 내용, 사장님과 나눈 대화들을 모두 캡처를 하고 있었다. 향후, 혹시라도 증빙할 자료를 남겨놓아야겠다는 생각이 들었기 때문이다.

시간이 지나 첫 달 급여를 기다리고 있었는데 제날짜에 들어오지 않았다. 둘째 달도, 셋째 달도 들어오지 않았다. 임금체불로 넘어가기 직전이 되어서 들어왔고 유감스럽게도, 단 한 번도 제날짜에 들어온 적이 없었다.

더 이상 '이건 아니다'라는 생각이 들어 사직서를 내고 노무사님께도 말씀드렸다. 아무리 선한 의도로 소개를 받더라도 일과 관련된 부분에서는 신중해야 한다는 것을 다시 한번 배울 수 있었다.

 단지 장애인 고용부담금을 내지 않기 위해, 장애인 고용 혜택만 받기 위해 장애 당사자들의 이름만 올려놓은 경우가 있다. 법을 떠나 당사자와 고용 업체의 상호 합의에 따른 것이라면 왈가왈부는 할 수 없겠지만 추천하고 싶지는 않다.

 아웃소싱사에서 나오고 다시 구직활동을 시작했다. 그러던 어느 날, 중고나라 모니터링 8시간 재택근무 공고를 보게 되었다. 재택근무이다 보니 8시간이라도 괜찮겠다 싶었다.

 모니터링으로 시작해서 문의 처리 등 순차적으로 다양한 업무를 했다. 하지만 나는 타자속도가 나지 않아 처리 속도도 늦었다. 근무한 지, 한 달이 지났을까? 고용 소개를 해준 기관으로부터 전화를 받았다. 느린 이유가 타자가 느려서인지, 아니면 업무 이해가 부족한 것인지를 물었다. 나의 경우는 전자였다. 하지만 회사에서는 수습이 겨우 지난 터라 중요한 부분으로 다가온 것 같았다.

 전화를 받은 다음 날부터 나의 업무는 8시, 7시 30분부터 시작했다. 9시 30분 출근인 나는 단 하루도 빼먹지 않고 1시간에서 1시간 30분의 조근을 했다. 4년 동안 퇴사하는 날까지.

 재택근무이었음에도 늘 긴장한 상태로 업무를 수행하고 있었다. 모든 것은 채팅을 통해 업무 지시가 이루어졌지만, 그 채팅 속에서도 감정을 고스란히 느낄 수 있었다. 하지만 몇 년이 지나 내근직원들이 바뀌면서 동시에 내 한계도 다다랐다. 신체적인 어려움도 쌓여갔고. 결국 퇴사를 결정했다.

4년간의 풀 근무를 마치고 4시간 업무 계약직을 택했다. 지도 앱 개발사에 2년 계약직으로 들어갔고 그곳에서 주 업무는 데이터 입력이었다. 음식점이나 카페 등 업체 메뉴판 사진을 보고 메뉴를 5개 이내로 가격과 적는 것이었다.

사내 복지도 괜찮았고 연차 사용도 자유로웠다. 다만 아쉬웠던 것은 2년 계약직으로 연장이 불가하다는 것이다. 요즘 장애인 구직을 보면 1년, 2년 계약직이 많아졌다. 그만큼 정규직은 적어지고. 안정적인 자리들이 줄어간다는 것은 참 아쉬운 부분이다.

계약이 만료되고 광고사에 입사했다. 매일 업데이트되는 국내, 해외 광고를 모니터하고 광고에 대한 평을 하면서 기사 스크랩과 구인 공고 등록이 주 업무이다. 광고 평을 하면서 개인적인 창작활동에서도 도움이 된다.

직무는 참 다양하다. 어느 직무가 하찮거나 쉬운 업무로 여기면 안 된다. 앞서 언급했다시피 장애인의무고용을 많은 사기업, 심지어 공기업들조차도 이행하고 있지 않은 상황이다. 장애 당사자, 특히 중증, 최중증 장애 당사자들은 고용에서 거의 배제가 되고 있다.

그래서 기초생활수급자로 생활하는 경우가 많다. 장애 당사자들이 노동할 능력이 없다고 생각할 수 있지만 한 발 더 들어가 보면 사회에서 노동할 환경조차 만들어 주지 않는 점을 지적하고 싶다. '노동'은 먹고 살기 위한 행위이지만 그 사람의 존재를 세워주는 것 또한 노동이다.

다행스러운 것은 점점 장애인 일자리의 분야가 예전보다 더욱 넓어지고 있다. 그림에 소질이 있는 당사자들은 회사 사무실, 혹은 복도에 전시하는 그림들을 그려 제공한다든지 신문사에서는 교정 업무에 당사자들을 채용한다든지, 방송사는 모니터링 업무를 한다든지, 아니면 유튜브나 틱톡 등 콘텐츠 업로드를 제공하는 운영사에서는 AI가 걸러내지 못하는 유해, 혹은 부적절한 영상들을 모니터링 한다든지.

사회가 장애 당사자들의 일자리를 개발하고 제공하는 것은 좋지만 장애 당사자들이 의지도 중요하다고 생각한다. 장애가 있는 사람에게 최고의 복지는 '일자리'다. 노동을 통해 장애 당사자들이 당당하게 사회 구성원으로 살아가는 것, 그것이 자신의 존재를 드러내는 세상으로 만드는 요소이고, 최고의 복지라고 말할 수 있을 것이다.

그날을 떠올리면

내 방 안, 한쪽에는 작은 불단이 모셔져 있다. 캄보디아 해외 봉사활동을 갔을 때, 야시장에서 모셔 온 작은 원불이다. 오랫동안 모시면서 기쁠 때면 감사의 기도를 하며 웃기도 하고 마음이 힘들 때면 투정도 부릴 수 있는 소중한 공간이다.

그 불단 위에는 노란 팔찌 하나가 올려져 있다. 'REMEMBER 20140416'이라는 글씨가 각인된 팔찌이다. 그 자리에 올라온 지, 벌써 10년이라는 시간이 지났다. 나는 아직도 그날의 기억이 생생하다.

2014년 4월 16일 오전, 나는 대학교 수업을 듣기 위해 강의실에 있었다. 평소 같으면 뉴스는 꼭 보고 나오는데 그날따라 뉴스를 본 기억이 없다. 아침 열 시 수업이라 비몽사몽간에 강의실에 들어서는데 학우들 사이에서는 배가 침몰했다는 이야기가 오가고 있었다.

침몰 소식을 듣고 포털사이트 앱을 켰다. '[속보] 350명 탄 여객선 진도 앞바다서 침몰 중'이라는 소식이 메인에 큼지막하게 떠 있었다. '큰일이 났구나.'라고 생각했지만, 이때까지만 해도 생각과는 달리 심각하게 느끼지 못했다. 왜냐하면 당연히 구조 될 것으로 생각했기 때문이다.

   선내에는 475명이 타고 있었다. 그중, 325명은 안산 단원고등학교 2학년 학생들이 제주도로 수학여행 떠나는 길이었다. 제주도에 갈 때, 차나 바이크를 타고 갈 경우가 아니면 비행기를 많이 탄다. 가격도 차이가 없고 소요 시간이 훨씬 적기 때문이다. 그렇기에 학교에서 수학여행을 배로 가는 것이 드문 일이기는 하다.

   저녁에 집으로 돌아와 뉴스를 켜니 구조자가 78명이라는 소식이 들려왔고 한 학생이 응급실로 실려와 치료를 받는 장면이 보도되고 있다. 그러나 학생은 치료를 받는 순간에도 고통은 잊은 채, 어디론가 전화했다.

   "○○ 살았어?"

   (살았다는 답을 듣고는) "아, 다행이다. 아무리 전화해도 연락이 안 되니까" 핸드폰을 잡고 펑펑 눈물을 쏟았다. 그 장면을 보는데 내 얼굴도 뜨거워졌고 목이 멨다. 하지만 반가운 소식은 거기까지였다.

   하루가 지나고, 이틀이 지나고 일주일이 지나도 더 이상의 구조 소식은 들려오지 않았다. 살면서 직접 접했던 사건, 사고는 많았지만 나에게 세월호는 가장 충격적이고 슬픈 사건이 되었다.

   오랫동안 활동하고 있는 보리수아래에서 매년 부처님오신날을 기념하여 '보리수아래 핀 연꽃들의 노래'를 18년째 개최하고 있다. 열여덟 해 동안 한해도 빠짐없이 진행해 오던 행사였다. 하지만 2014년에는 국내 많은 행사가 세월호의 여파로 취소가 되었거나 연기, 축소가 되었다.

보리수아래에서도 고민이 많았다. 한 달도 남지 않는 행사를 어떻게 해야 할지. 회원들과 고민 끝에 우리는 세월호의 무사 귀환과 추모의 주제로 전환하여 행사를 진행하기로 했다. 오히려 그것이 우리가 할 수 있는 일이라는 판단을 내렸다. 그 행사에서 나는 추모와 귀환을 발원하는 시를 낭송하기로 했다.

진도 앞바다에서 멈추어버린 세상

세상이 멈췄습니다.
진도 앞바다에서,
슬픈 바다에 우리 친구가 있습니다.
우리의 가족이, 선생님이

세상의 모든 신에게 기도합니다.
유속(流速)이 잠잠해지게 해주소서!
제발 오늘은 바람을 보내지 마소서!

간절한 기도에도
그들은 대답이 없습니다.

목 놓아도 묵묵부답입니다.

주인을 두고 홀로 올라온 작은 스마트폰
그들이 손에 꼭 쥐고 있던 스마트폰에는
우리가 기다리던 독백 같은
답이 들어있었습니다.
엄마, 사랑해!
친구야, 미안해!
선생님, 감사합니다!

그들이 쓰던 칠판 한 귀퉁이,
"꼭 돌아오기"
숙제가 쓰여 있습니다.

 행사를 앞두고 급하게 쓴 시였다. 십 년이 지나, 오랜만에 이 시를 읽으니 방송화면 한 쪽에 떠 있던 구조 현황표가 지금도 아른거린다. 어느 순간, 더 이상 갱신되지 않던 그 구조 현황표.
 2024년도는 세월호 10주기가 되었던 해였다. MBC에서는 세월호 10주기 특집 다큐로 〈열여덟의 기억, 스물다섯의 약속〉이 방영되었다. 성인이 된 생존 학생들이 출연해 그간 십 년간의 이야기를 방송한 다큐 프로그램이었다. 출연자들은 사회인이 되어 응급구조사로 일하기도 하고 아직 대학에서 사회복지사를 공부하는 출연자도 있었다.

하지만 그들 중, 아직도 세월호 침몰의 충격으로 여전히 트라우마를 겪는 생존자도 많았다. 어쩌면 당연한 일이다. 생과 사의 현장을 직접 목격한 이들이었기에 그들의 어려움은 충분히 공감되었다.

이 글을 쓰기 시작한 날, 달력을 봤다. 2025년 4월 16일 새벽, 세월호가 침몰한 지 11주기가 되는 날이었다. 인터넷 포털 사이트에 들어가 보았다. 자정이 넘자, 검색 창 옆에 '세월호 11주기'라는 작은 배너가 띄어져 있었다.

하지만 그뿐이었다. 검색엔진 뉴스섹션에서도, TV 방송사에서도 세월호에 관한 프로그램이나 관련 소식은 들을 수 없었다. 유튜브에서 직접 검색해 찾아야 소식을 접할 정도였다. 그만큼 많은 사람들의 기억 속에서 멀어져 간다는 의미다.

나 역시, 해마다 4월 16일이 다가온다면 반드시 기억할 것이라고 자신 있게 말할 수는 없다. 일상생활을 하다 보면 잊어버리는 해도 있을 것이다. 하지만 되도록 4월 16일, 그날만큼은 기억하고 나만의 방식으로 추모할 것이다.

희생자들도 나와 같은 꿈이 있었을 테니까.

희생자들도 나와 같은 설렘이 있었을 테니까.

가벼움이 만드는 무거움

 "정구업진언, 수리수리 마하수리 수수리 사바하" 불교에서 기도하거나 경전을 읽을 때, '송경의식'이라는 의식이 있다. 기도나 독경 의식을 하기 전, 몸과 마음을 단정하게 하는 의식인데 그 송경의식의 가장 첫 줄이 '정구업진언'이다. 깨끗할(씻을) 정淨, 입 구口, 업 업(행)業으로 정구업진언을 직역하면 "입으로 지은 업을 씻는 참된 언어(말씀, 주문)"이다.

 왜 정구업진언부터 나올까? 모든 업장, 많은 실수의 시작은 말로부터 시작되는 경우가 많기 때문이다. 말이라는 것은 매우 쉽다. 뱉는 것도 그렇고 대화중에도 우리의 의식이 얼마나 빠른지, 두 명, 세 명, 네 명, 열 명과 동시에 이야기해도 모두 대화가 이어지기도 한다.

 그러다 보면 '말'이라는 것이 힘과 응원이 되지만 타인에게 상처가 되기도 하고 폭력이 되기도 한다. 초등학교, 중학교, 고등학교에 다닐 때, 교실에 있다 보면 욕으로 시작해, 욕으로 끝나는 것이 대화의 구성이었다. '씨발놈아', '미친놈', '죽을래', '꺼져' 그때도 이 말들이 나쁜 말이라는 것은 알고 있었지만, 그 말들은 욕이 아니라 추임새 격이었다.

매년 3월이 되면 친구들이 장애를 차별하는 것은 아니었지만 '장애인=착한 사람'이라는 생각이 읽혔다. 자신끼리는 비속어와 욕을 쓰면서도 나에게는 어린 후배를 대하듯 하는 부분들이 학기 초에는 꼭 있었다. 그 벽을 깨고 무리에 들어가기 위해 시간이 지나고 한마디 욕을 하면 "어? 얘도 욕하네?" 깔깔거렸다.

하지만 고등학교에 올라오니 욕하는 경우도 줄었다. 대학에 가서도, 사회에 나와서도 욕을 했던 기억이 별로 없다. 그렇지만 여전히 지금도 심심치 않게 하는 친구들이 있다.

한 명은 자신이 무슨 강한 이야기를 할 때, "너 ~~하면 죽인다."라는 말을 자주 한다. 그 친구가 무슨 의도인지 알면서도 언제부터인가 불편할 때가 있다. "자기가 뭔데 그런 이야기를 하지?", 또 가깝게 지내는 친한 누나가 있는데 그 누나 역시 나에게 자신이 누나임을 과시하려고 할 때, 웃으며 "너 죽을래?"라는 말을 아무렇지 않게 쓴다.

그 누나와 친구한테 이런 말들이 아직 불편하다고 말한 적은 없다. 하지만 두 사람에게 한번은 짚고 넘어가려고 한다. '죽음'이라는 것이 결코 가벼운 말이 아닌데, 글을 쓰면서 더욱 말의 한 마디, 글 한 줄의 무게를 느끼게 된다.

나 역시, 평소 구업을 짓지 않기 위해 노력하고 있다. 그렇지만 알게, 모르게 가족들, 친구들, 지인들에게 말로서 실례를 끼치는 경우가 참 많은 것 같다. 그것을 알아차릴 때마다 죄송스럽다. 더욱 간절히 "지혜를 증장시켜 주시기를"이라며 기도하는 이유다. 참회도 참회이지만 말을 아무 생각 없이 쓰지 않고 지혜가 생긴다면 조금씩 더 여물 것이라 믿기 때문이다.

많은 글에서 나의 언어장애에 대해 고민과 애로점을 쓴 적이 있다. 젊은 나이지만 내 장애, 내 인생을 돌아보면 극복하고 싶은 부분은 그리 많지 않았다. 내 장애로 인해 불교를 만났고, 글을 만났고, 소중한 인연을 만났기 때문이다.

하지만 언어장애만큼은 극복하고 싶다. 장애가 극복의 대상이 아님을 알면서도 말이다. 부처님께서는 "과거를 알고 싶으면 현재를 보라"고 하셨다. 문득 나의 언어장애가 '언어장해'가 된 것은 '구업' 때문이 아닐까 하는 생각이 든다.

언어장애는 전생의 구업으로 입을 통한 말을 줄이라는 뜻이고, 그 대신 '글'을 보완 대체제로 주신 것이라는 생각을 하게 되었다. 그 생각을 한 뒤로 정구업진언을 독송할 때만큼은 더욱 간절하고 진심으로 독송하게 되었다.

대진대에 다닐 때, 문예창작학과에는 하늘과 같은 선배가 계셨다. 처음에는 선배가 크게 보여 쉽게 다가가지 못했다. 1년인가, 1년 반이 넘어서야 선배와 이야기를 나눌 수 있었다.

그 선배께서 나에게 해주신 말씀이 있다. "글 쓰는 사람은 입으로만 구업을 짓는 것이 아니야. 글로도 짓는 것이 구업이야." 10년 전, 선배께 들은 말이지만 아직도 가슴속에 새기고 있다. 무겁게 말이다.

가을이 되면 나뭇잎은 떨어진다. 시간이 지나면 어떤 낙엽은

손가락만 대도 바스러질 정도로 말라버린다. 하지만 낙엽을 모아 포댓자루에 담으면 어느새, 묵직해진다. 말도 한마디, 한마디는 가볍다. 그만큼 쉽게 입 밖으로 뱉지만 가벼운 한마디, 한마디가 모이면 포댓자루처럼 묵직해진다. 그때는 말이 담긴 포댓자루를 버리기도 쉽지 않고 무게를 줄이기도 쉽지 않다.

말하기 전에 말의 속도를 줄이고 생각에 속도를 높여 이야기하고 대화한다면 말은 도끼가 아니라 한 줌의 솜털이 될 것이다.

창동역에 생긴 기적

 '창동'이라는 한 동네에서 산 지 20년이 넘었다. 어렸을 때는 1~2년 주기로 이사했던 기억이 있는데 한 곳에서 이렇게 오래 산 적은 처음이다. 우리 집은 창동역과 방학역, 두 역 사이에 있다. 방학역은 1호선이 지나는 역이고 창동역은 1호선과 4호선이 지나는 곳으로 서울 북부 지역에서 붐비는 환승역 중 하나이기도 하다.

 집에서 창동역은 13분 정도가 걸리지만, 방학역은 집에서 20분 정도가 걸리는 곳이다. 그럼에도 나는 4호선을 탈 때만 창동역을 이용했을 뿐, 1호선을 이용할 때는 방학역으로 갔었다. 그 이유는 창동역 1호선엔 엘리베이터가 없었고 휠체어 리프트만 있었기 때문이다.

 휠체어 리프트는 장애인 편의시설이 아니다. 엘리베이터나 경사로가 없는 공간에 어쩔 수 없이 만든 임시방편에 불과하다. 1988년 서울올림픽과 서울장애인올림픽이 개최되었을 때, 장애인 편의시설이 거의 없었다. 세계 축제를 개최하는 국가의 부끄러움이었다.

 그래서 정부의 지시로 편의시설을 부랴부랴 급하게 만든 것

중 하나가 지하철 휠체어 리프트였지만 안전성과 편리성이 보장되지 않는 임시 시설이다.

임시 시설이었다면 올림픽이 끝난 후, 제대로 편의시설을 만들어야 했다. 하지만 30년 이상 그냥 리프트를 방치하고 있었다. 그러는 사이 장애 당사자들의 리프트 사고는 끊이질 않았고 그 책임은 오로지 장애 당사자 이용자에게 전가하고 있다.

원래 리프트는 누구나 작동할 수 있었다. 하지만 리프트 사고가 잦아지면서 역무원이 동행해야만 이용할 수 있도록 운영 방식이 바뀌었다. 엘리베이터가 없는 곳은 이 리프트를 이용해야 하기에 역무원이 오는 시간과 리프트를 세팅하는 시간, 휠체어를 타고 내리는 시간이 보통 20분 이상 걸리고 있다.

장애가 아닌 사람의 이동 시간보다 4~5배 더 소요되는 것이다. 내가 방학역으로 갔던 이유도 이런 시간과 운이 아닌 안전과 편리를 선택하고 싶었기 때문이다. 하지만 한번은 어쩔 수 없이 1호선을 타고 오다가 창동역에 내린 적이 있었다.

지하철에서 내려 역무원을 호출하여 리프트를 세팅해 주는데 현재 설치되어 있는 리프트는 2000년대 이전의 휠체어 규격으로 만들어졌다. 그 후, 나오는 전동휠체어와 전동스쿠터는 그 규격에 초과하는 경우가 대부분이어서 리프트를 겨우 탈 수밖에 없었다.

리프트를 타면 휠체어 앞, 뒤로 안전바가 내려오고 앞바퀴를 막아줄 턱이 올라온다. 바닥에서 올라오는 턱은 센서가 있어 바퀴를 잘 맞추어야 리프트가 작동된다.

　그날도 아슬아슬하게 타는데, 밑에 턱이 올라오지 않았다. 그래서 앞뒤로 조정을 하는데 역무원은 애꿎은 스쿠터에 달린 바구니 탓을 했다. 바퀴 센서에 바구니가 걸려 작동을 안 한다며 다음에 떼지 않고 오면 못 태워준다고 으름장을 놓았다. 그러나 바구니와는 전혀 관계가 없는 것이다.

　리프트 때문에 가까운 역을 두고 한 정거장 지나가는 것도 서러운데 역무원으로부터 그런 소리를 들으니 참 씁쓸했다. 집으로 돌아와 바구니를 제거했고 며칠 있다가 다시 창동역에 내려서 리프트를 탔는데 또다시 한 번에 턱이 올라오지 않았다. 늘 그렇듯 조금 뒤로 가니 올라왔다.

　'바구니 문제가 아니었네요.' 역무원에게 무안을 주고 싶은 마음이 굴뚝이었지만 꾹 참고 리프트로 올라가면서 "1호선은 엘리베이터가 생기지 않나 봐요?"라고 물었다. 역무원은 퉁명스럽게 답했다. "1호선 엘리베이터는 절대 안 생겨요. 4호선에 생긴 것도 기적이에요."

　역무원의 답 속에 '기적'이라는 단어가 도저히 이해가 가지 않았다. 사전에는 '기적'이 "상식으로는 생각할 수 없는 기이한 일", "신의 힘으로 행해졌다고 믿는 일" 두 가지 의미로 서술되어 있다. 그렇다면 역무원이 말했던 4호선의 엘리베이터 설치는 두 가지 의미 중, 어느 의미에 해당하는 것일까?

　4호선 엘리베이터는 '기적'이 아니라 '당연한 것'이었다. 진즉에 설치해야 했던 것을 이제서야 설치한 것이다. 개인적으로 4

호선을 설치할 때도 "어떻게 설치하지?" 의문이 있었다. 몇 번이에 대해 온라인으로 질의했지만 항상 돌아온 답은 '노력 중이나 구조상에 어려움이 있어 못하고 있다.'라는 것이다. 그런데 벽 부분을 확장하여 설치했다. 이는 곧, 구조상의 불가라는 말도 변명이었다는 것이다.

몇 년이 지나, 창동역 1호선도 엘리베이터가 설치되었다. 불가능을 장담했던 역무원의 말도 뒤집힌 것이다. 엘리베이터가 설치된 지금은 제일 반기는 사람들이 바로 어르신들이다. 항상 창동역에 내리시는 어르신 역시, 이곳만 1호선 엘리베이터가 없다며 푸념하셨다.

'전국장애인차별철폐연대', 줄여서 '전장연'이라고 이야기하면 얼굴이 일그러지는 사람들이 많다. "현대인들의 바쁨 속에서 지하철을 방해하는 집단"으로 기억되고 있기에. 하지만 분명한 점은 그 사람들 덕분에 지하철 엘리베이터가 생겼고, 또 생기고 있다. 2000년대 초, 엘리베이터가 거의 없던 시기에 전장연 활동가들이 목숨 걸고 철로 아래까지 내려가 이동권이라는 권리를 만들었고 엘리베이터를 요구하였기 때문이다.

이동권은 장애 당사자뿐만이 아니고 우리 모두의 기본 권리이다. 문득 해외 봉사를 가서 같이 활동한 누나에게 들었던 이야기가 떠오른다. "현승이 같은 장애인은 원래부터 장애가 있었지만, 만약 내가 아프고, 다칠 수도 있잖아요? 그러면 그날은 내가 장애인이 되는 거예요."

편의시설은 지금의 교통약자들을 위해 요구하는 것만은 아니다. 한 치 앞도 모르는 나를 위해, 우리 가족과 친구를 위해 꼭 필요한 시설이다. 시혜적인 복지가 아닌 우리가 누려야 될 권리임을 모두가 알고 있어야 한다.

교통약자들이 안전하고 편리하게 이동하는 사회는 모두가 안전하고 편리하다는 방증이 되는 것이다. 90% 엘리베이터가 설치되었다고 지금 장애 당사자들의 이동권 요구를 억지와 생떼라고 손가락질하는 사람도 있지만 오늘도 수도권 21개 역은 휠체어로 리프트를 타고 오르고 내려간다. 불안하게. 목숨을 걸고.

그 역들에서, 또 모든 곳에서 다치지 않는 기적이 아니라 편리하고 안전하게 이동하는 일상을 꿈꾸고 싶다.

배려하지 마세요

 20년 전만 해도 거리에 지나가는 휠체어를 보면 사과, 혹은 하트를 연상시키는 모양 안에 '장애인 먼저'라는 스티커를 심심치 않게 볼 수 있었다. 너무 자주 보여서 무심코 넘겼던 그 스티커는 1996년 '장애인먼저실천운동본부'라는 기관에서 제작한 스티커라고 한다.

 '장애인 먼저'라는 사회운동을 전개한 이유는 무엇일까? 88장애인올림픽을 겪어오면서 세계에 보인 장애가 있는 사람들에 대한 인식이 아닐까 생각한다. 80년대에 비해 90년대가, 90년대보다 2000년대가 많은 변화가 있었지만 지금도 여전히 부족하다.

 방송 콘텐츠가 많아지고 매체도 다양해지면서 방송사나 기관뿐만이 아니고 전 국민이 콘텐츠 창작자가 되는 시대이다. 그 중, 한 지체 장애 유튜버의 콘텐츠를 본 적이 있다. 영상에는 지하철에서 승강장에 내려가기 위해 엘리베이터를 타려고 하는 중이었다.

 유튜버는 어르신들 사이에서 어렵게 휠체어로 엘리베이터를 탔는데 함께 탄 남성 어르신이 '휠체어 때문에 늦는다'라는 식으로 엘리베이터 안에서 투덜거렸다. 모두가 조용히 듣던 중, 안에 같이 탄 한 분이 "휠체어도 타고 천천히 가면 되죠."라며 그 투덜거림에 제동을 걸었다.

그러자 씩씩대던 어르신은 "당신은 안 바쁘지만 난 바빠."라며 나무라 했다. 직접 엘리베이터를 탄 지체 장애 유튜버에게 한 말은 아니었지만, 제동을 건 사람보다 휠체어에 앉아 있는 유튜버에게 들으라고 한 말임을 누구나 짐작할 수 있을 것이다.

휠체어 타는 당사자들과 유모차를 끌고 나오신 분들도 엘리베이터를 꼭 타야 하지만 길게 줄 선 어르신들 뒤에 기다리고 있으면 "오늘은 아무 불평도 듣지 않고 엘리베이터를 탈 수 있을까?"라는 걱정이 앞선다.

이런 일들은 비일비재하게 겪는 일들이다. 똑같이 기다리는 줄에서 차례대로 타더라도 내 차례가 와서 타려고 하면 어깨를 툭툭 치며 "우리 먼저 탈게. 너는 다음에 타."라고 하면서 새치기하는 경우가 많다. 휠체어가 타면 한 명이 못 타는 것이 아니라 두세 명이 못 탄다고 생각하기 때문이다. 그리 바쁜 때가 아니면 나는 선제적으로 '먼저 가세요.' 손짓하고 다음에 올라가는 편이다.

다음 엘리베이터 버튼을 누르기 위해 문이 닫히기를 기다리는데 서울에 있는 지하철 엘리베이터는 닫힘 버튼을 막아놓고 30초가 지나야 닫힌다. 그 사이 엘리베이터 안에 타 있는 사람들은 괜히 무안했는지 나의 시선을 피한다.

지하철 엘리베이터 앞에는 우선 탑승 문구와 함께 장애인, 노인, 유모차, 짐 픽토그램이 순서대로 그려져 있는 경우가 많다. 어느 날, 엘리베이터를 기다리며 그 그림들에 시선이 갔는데 "왜 장애인이 우선일까?" 하는 의문을 가졌다. 생각해 보면 지하철뿐만이 아니고 교통, 사회, 문화 등 모든 영역에서 장애인을 우선하거나 우대하는 경우가 많다.

문득 "과연 이 우대가 당연한 걸까? 이 사회에 정착된 '장애인 먼저'라는 운동이 사회통합을 하는데 앞으로도 이바지할 수 있을까?" 자신에게 물어보게 한다. 개인적인 견해이지만 장애 당사자들의 생각도 변화할 시점이라고 생각한다.

특정 분야에서는 장애인 우대가 필요하기도 하다. 하지만 모든 분야에서 우대하거나 우대받을 필요는 없다. 교통에서 엘리베이터나 지하철부터 먼저 타는 것보다 줄을 서고 차례대로 타면 질서를 지키는 것이 서로 더불어 살아가는 길이다.

장애를 앞세워 살아가기보다 당당한 시민으로 살아가는 것이 더욱 중요한 시대가 되고 있다. 장애 당사자들이 무조건 앞으로 가는 것이 당연한 게 아니고, 뒤로 간다고 해서 무조건 부당한 것은 아니다. 서로를 이해하고 질서에 따라 살아간다면 우리 장애 당사자 역시 사회 속에서 조금 더 동등한 위치에서 살아갈 수 있을 것이다.

백상예술대상에 나온 친구

 장애가 있는 사람들이 장애 진단을 받고 처음 가는 곳이 재활병원이나 복지관이다. 요즘은 바우처 제도가 잘 되어있어 사설기관도 많아졌지만 내가 장애 진단을 받고 치료받았던 90년대에는 재활치료를 받을 수 있는 기관이 흔하지 않았다.
 이란성 쌍둥이로 한 날에 태어난 누나하고 30분 차이가 난다. 누나가 태어나고 내가 나오기까지 30분의 시간이 걸린 것이다. 그런데 그 30분 사이, 산소 공급이 원활하지 않아 뇌에 손상이 왔다.
 출산 직후, 인큐베이터로 들어갔지만 다행히 큰 문제가 없이 엄마와 집으로 왔다. 그러나 돌이 지나고 아장아장 걸었던 누나와는 달리, 나는 목도 제대로 가누지 못했다. 결국 신촌 세브란스 병원에서 '선천성 뇌성마비'라는 진단을 받았다. 그 진단으로 본격적인 나의 재활 여정은 시작되었다. 하지만 세브란스에서는 치료 환경이 싫은 탓인지 내가 너무 울어 치료했던 날보다 하지 못하고 온 날이 더 많았다고 한다.

 엄마는 세브란스를 뒤로 하고 수소문 끝에 수유동에 있는 국립재활원에서 치료를 받게 했다. 그때 내 나이가 3~4살이었다. 재활원에서 치료받으며 친해진 친구가 바로 지성이다. 그 시절엔 장애 자녀를 둔 엄마들의 자식 자랑은 수학 백 점, 국어 백 점이 아니라 "우리 애, 어제 열 발짝 걸었어.", "우리 애, 지난주에 마흔 발짝, 백 발짝을 걸었어." 라는 자랑이 큰 자랑이었다.

지성이와는 그런 면에서 나의 경쟁자였다. 누가 넘어지지 않고 끝까지 걸어가는지, 달리기나 축구 시합을 하듯 우리는 항상 걸음 대결을 하였다. 그때마다 지성이는 늘 나를 이겼던 친구로 기억한다. 하지만 나는 그에게 진다고 울거나 질투하지는 않았다. '질투'라는 감정을 잘 모르는 나이이기도 했지만, 그 경쟁으로 서로에게 자극제가 되었기 때문이다.

중학교 때, 나와 누나는 다른 학교였지만 누나가 지성이와 같은 학교에 다니면서 2학년 때는 지성이랑 같은 반이 되기도 했다.

누나를 통해 1년 동안 여러 이야기를 들을 수 있었다. 늘 당찬 지성이의 소식을 전하며 때로는 동생인 나랑 비교하고는 했다. 하지만 걸음 경쟁하던 그 시절처럼 기분은 나쁘지 않았다. 언제나 성실하고 노력형인 친구라는 것을 잘 알고 있었기 때문이다.

고등학교를 졸업한 지성이는 한 장애인 극단에 들어가 배우로 데뷔하여 연극을 한다는 소식을 들었다. 나는 지성이가 공연을 할 때면 관람을 빼먹지 않으려고 노력했다.

2021년 추석 연휴가 시작되던 날, 세종문화회관을 찾았다. 지성이가 또 하나의 공연에 출연한다는 소식을 접했기 때문이다. 〈천만 개의 도시〉라는 공연으로 장애인 극단 공연이 아닌 서울시극단의 공연이었다.

2021년 그때는 한창 코로나가 진행 중이었다. 한순간에 공포로 몰아넣은 코로나는 모든 대면을 막았었다. 서로의 입 모양을 볼 수 없었고 악수를 나누는 체온조차 허용치 않았다. 동화에서만 보던 암흑 세상이었다.

천만 개의 도시는 코로나 시기에 나온 공연으로 '서울'이라는 하나의 도시 속에서 정류장과 편의점, 시장과 골목길 등 다양한 곳에서, 다양한 삶을 살아가고 있는 사람들의 일상을 이야기했다. 그 작품은 다양한 일상들이 존재하기에 서로의 존재도 확인할 수 있다고 말하고 있었다.

연극이 올랐던 시기는 완전히 거리두기가 봉쇄되었던 시기에서 조금씩 일상으로 복귀하던 때였다. 여전히 마스크는 착용해야 했지만, 다시 찾은 일상이 감사했다. 전염병 유행은 늘 있었지만, 코로나가 특히 무섭고 잔인했던 까닭은 사람 사이를 완전히 갈라놓았다는 사실이었다.

사람은 홀로 살아가는 존재가 아니라 함께 살아가는 존재이다. 이는 누구나 알고 있는 명제이지만 이론적으로 알았을 때와 피부로 닿았을 때가 다르듯이 코로나를 지나오며 우리는 그것의 소중함을 뼈저리게 느꼈다.

13명의 배우가 이어 나가는 연극으로 지성이를 제외한 나머지 배우들은 장애가 없었다. 연극을 하는 동안 지성이는 무대

위에서 전동휠체어를 타고 다녔지만 그가 대사할 때 외에는 그에게 눈길이 가지 않았다. 장애 배우가 아닌 13명 중, 한 명의 배우였고 전동휠체어도 연기의 연장선상이었다.

보리수아래 최명숙 대표님이 항상 장애 작가들에게 "우리는 장애 시인 ○○○가 되지 말고, 시인 ○○○가 되자."라고 하신다. 작품 속에서 장애를 드러내지 말거나 배제하라는 것이 아니라 굳이 장애를 말하지 않아도 우리의 삶을 작품에 자연스럽게 녹여지게 하자는 것이 대표님의 생각이다.

문득 지성이를 보며 최 대표님의 말씀이 더욱 다가왔다.

작년 4월 어느 날, 집에서 가족들과 저녁을 먹고 있을 때였다. 아버지가 식사하시면서 TV 채널을 돌리고 계셨는데 누군가가 턱시도를 입고 휠체어에 탄 채, 백상예술대상 시상대에 오르는 장면이 전파를 타고 있었다. 채널을 멈추고 아버지가 "지성이 아니야?"라고 말씀하셨다.

"지성이라고? 그 친구가 왜 나와?" 잘못 본 것은 아닌지 하는 어리둥절하게 TV를 보니 정말 지성이었다. 〈천만 개의 도시〉 이후, 출연했던 〈틴에이지 딕〉 리처드 역으로 연극상을 받고 있었다.

TV로 큰 상을 받는 친구를 보니 자랑스럽기도 하고 한편으로는 일정 핑계로 〈틴에이지 딕〉 공연에 가지 못했던 것이 아쉽기도 했다. 백상에서 지성이의 수상소감도 남달랐다. "천천히 말하겠다."라며 양해를 구한 뒤, 소감을 이어 나간 그는 연극을 함께한 분들에게 전하는 감사와 재치 있는 소감까지 차분하게 말했다. 시간에 엄격한 생방송이지만 누구도 재촉하지 않았다.

무대에 오르는 순간부터 내려가는 순간까지 9분 40초가 걸렸지만 지금도 유튜브에 28만 회의 조회 수를 달리고 있다. 백상예술대상은 오로지 실력으로만 받을 수 있는 상이다. 그만큼 시상식에 참석한 사람들은 TV, 영화, 음악 각 분야에서 최고 명배우, 명가수, 인기 있는 연예인들이었다.

그 시상식 수상자가 되니 친구로서도, 팬으로서도 축하해주고 싶었고 그가 대단해 보였다. 지성이가 얼마나 많은 노력이 있었는지 백상이 말해주고 있었다.

2024년 11월, 〈미래의 동물〉이라는 또 하나의 연극을 한다는 소식을 들었다. 일주일 공연이어서 내가 갈 수 있는 날짜만 보고 갔는데 공교롭게도 첫 공연이었다. 〈미래의 동물〉이라는 작품은 많은 생각을 해야 할 만큼 가볍지는 않았다. 독백 연기가 많았던 작품인데 기회가 된다면 몇 번 더 보면서 그 연극에 대해 이해하고 싶다는 생각이 들었다.

공연을 마치고 그날만큼은 지성이와 함께 지하철을 타고 창동역에 내렸다. 자주 보지 못하지만, 지하차도 하나만 건너면 서로의 집이다. 지하철에서 나가는 출구가 달라 승강장에서 인사 나누고 헤어지려 했는데 오늘 공연이 어땠냐고 물어왔다. "네 공연은 말할 필요 있나? 단지 작품이 조금 어렵더라."라고 답했고 지성이는 수긍했다.

"작품이 어렵지. 내 연기는?" 그는 나에게 자신의 연기에 관해 물어왔다. "네 연기는 말할 필요 있냐?"라고 답했다. 하지만 지성이는 그냥 넘어가지 않았다. "아, 진짜 없어? 나 오늘 첫 공연이라 참고해야 하는데"라며 계속 물어왔다. 이미 연기상을 받은 것만으로도 믿고 보면 될 그의 연기라고 생각했는데 정작 본인은 아니었다.

여전히 자신의 연기에 목말라했고, 연구하고, 가다듬는 모습이었다. 안주해도 된다는 나의 어리석은 생각을 한없이 부끄럽게 했다. 그가 했던 인터뷰에서 연극을 넘어 드라마와 영화에도 관심이 있다는 것을 밝혔다. 승강장에서 짧은 대화를 주고받으며 나는 그날이 머지않았음을 확신할 수 있었다.

지성이와 인연을 헤아려보면 30년이다. 서른다섯의 나이에도 불구하고 더하면 더했지, 적지는 않을 것이다. 그렇지만 학교를 졸업하고 사회에 나오면서 서로의 삶을 살다 보니 단 10분 거리임에도 그와의 연락도, 만남도 손에 꼽힌다.

그럼에도 서로에게 미안함과 어색함보다는 항상 만났던 것처럼 "잘 지내냐?", "요즘 너무 잘 나가서 만나지도 못하네." 농담을 던진다. 그렇게 나와 지성이는 서로 웃으며 격려하고 응원할 수 있는 친구로 남아있다.

3부

듣고 싶었던 말, 하지만 쉽지 않은 말

봄의 청량사 그리고 새 인연

 고등학교에서의 첫 번째 중간고사가 다가올 때였다. 시험을 2주 앞두고 청량사에 보리수아래와 동행을 하였다. 사실 가기 전에도 고민이 많았다. 그날은 보리수아래에 처음 간 날이기 때문이다. 그래서 괜히 어른들 모임에 눈치 없이 끼는 것은 아닌지. 걸음도 부자유스러운 내가 걸림돌이 되지는 않을지, 걱정스러웠지만 집결지인 청량리역으로 향했다. 이른 시간인데도 불구하고 같이 갈 회원님들은 청량리역 대합실에 일찌감치 모여 계셨다.

 처음이라 말도 못 하고 묻는 말에 고개만 끄덕이고 있었는데 회원들 사이로 시선이 간 곳이 있었으니 정준모 시인이셨다. 매년 열리는 뇌성마비 시낭송회 때, 항상 사진도 찍으시고 시도 낭송하셔서 시인님과 알고 지내고 싶다고 생각하고 있었는데 내 앞에 서 계신다는 사실이 너무 기뻤다. 그리고 2007년 복지관 글 발표회 때, 심사해 주시던 송기자 수필가도 자원봉사로 기다리고 계셨다. 아니 수필가께서 나의 자원봉사이시라니……. 기쁨을 감출 수가 없었다.

 열차 출발 시간에 맞추어 승강장으로 향했다. 얼마 만에 타보는 중앙선인가? 설렘과 함께 열차는 안동으로 출발하였다. 도로 중심으로도 달려보고 산도, 강도, 마을도 거치는 동안 회원들의 웃음소리는 끊이질 않았다.

기차가 달린 지, 서너 시간 만에 안동역에 다다랐다. 안동역에는 자원봉사를 해주실 대구 처사님이 우리 일행을 기다리고 계셨다. 대구 처사님은 보리수아래 최명숙 대표님의 청량사 도반이시다.

처사님 차를 타고 청량사로 향했다. 4월이었지만 청량사는 아직 봄이 찾아오질 않았다. 서울은 이상기온으로 일찍 벚꽃이 피었다가 졌는데 아래 지방은 공기가 깨끗해 아직 겨울에 머물고 있었다.

산속에 자리한 청량사는 속세의 모든 것을 잊고 바람과 친구가 되고 약사여래 부처님 품속에서 편히 쉴 수 있는 곳이었다. 요사채에서 짐을 풀고 있었는데 지현스님께서 들어오셔서 "불편한 데 없으시죠?" 자상하게 물으시는 스님, 지현스님과의 첫 대면이었다.

짐 정리를 마치니 저녁 공양 시간이 되었다. 점심을 기차에서 김밥과 만두, 빵으로 때운 회원들에게는 저녁 공양이 꿀맛 같았다.

공양을 마친 후, 저녁예불이 시작되었다. 목탁 소리에 맞춰 예불문을 독송했다. "지심귀명례 삼계도사 사생자부 시아본사 석가모니불" 저녁 예불을 마치고 '나를 닦는 백팔배'라는 명상음악과 함께 백팔배가 시작했다. 한 배, 한 배 놓치지 않으시려는 회원들을 보며 신심이 절로 났다. 예불과 백팔배를 올리고 나오니 도량엔 어둠이 깔렸지만, 초파일을 앞둔 경내는 연등 물결로 가득 찼다.

 지현 스님과의 차담이 이어졌다. 최명숙 대표께서 회원 한 분 한 분을 스님께 소개하셨고 나를 소개할 때는 "우리 보리수아래 막내입니다."라고 말씀하셨다. 나도 보리수아래의 정식회원이 되었다는 생각에 어깨가 으쓱해졌다.
 보리수아래는 청량사 주지이시자 조계종사회복지재단 상임이사였던 지현 스님께서 장애인 불자 모임 구성을 제안하셨고 2005년, 최명숙 시인의 주도로 네 명의 장애예술인들과 불자들이 모여 작은 모임을 시작했다. 20주년인 2025년 현재까지 '보리수아래 핀 연꽃들의 노래' 봉축 공연과 아시아장애시인들의 공동 시집 발간 등 다양한 사업을 진행하고 불교계를 대표하는 장애인 단체로 성장했다. 또 유일하게 창립할 때와 마찬가지로 사찰이나 스님들의 주도가 아닌 장애 당사자들이 운영해 나가는 단체이기도 하다.
 곧 다가올 봉축 공연과 보리수아래가 나아가야 할 길, 그리고 스님이 쓰신 책까지 선물 받으며 차담은 밤이 깊도록 이어졌다. 차담을 마치고 잠자리에 들 시간, 보통은 절에서도 잘 자는 편인데 그날따라 잠을 쉽게 이루지 못했다.

 결국 2시에 잠 드신 분들께 피해가 될까 싶어 마당으로 나왔다. 연등이 꺼지지 않았던 도량 한쪽에 걸터앉아 청량사 탑을 등져 앉은 부처님을 하염없이 바라봤다. 4시가 되자 공양주 보살님께서 나오셨다. 그리고 한 분, 두 분 빠짐없이 새벽예불을 위해 법당에 들어오셨다. 스님의 예불이 시작되길 기다리며 고요히 입정 하면서 법당에 울려 퍼지는 종송 소리에 귀를 기울였다.

새벽예불을 마친 후, 최명숙 대표님과 백팔배를 했다. 청량사에 오게 된 인연에 감사하며. 그 사이 법당 밖으로는 아침 여명이 찾아오고 있었다.

아침 공양을 마치고 도산서원으로 향했다. 도산서원은 퇴계 이황 선생 가르침과 업적을 기리기 위한 서원이다. 서원을 둘러보면서 당시 선비들의 높은 학구열을 느낄 수 있었다. 다만 서원 보존을 위해 수리한 흔적이 오히려 옛것을 느끼기가 힘들었다는 점이 아쉬움으로 남았다.

도산서원을 돌아본 뒤, 봉정사로 향했다. 봉정사는 다른 절과 달리 대웅전 앞에 마루가 있었다. 일출과 일몰 시각, 기회가 된다면 마루에 걸터앉아 앞산을 바라보면 참 좋겠다는 생각을 했다. 그렇게 봉정사 참배를 끝으로 1박 2일 일정을 마무리했다.

안동에서 보낸 1박 2일을 통해 처음으로 한국 불교의 장애인 포교에 대한 미래를 보았다. 개신교나 천주교에 비해 장애인의 신행 단체나 법회가 단 10%에도 못 미치는 게 한국 불교의 현주소이다. 그러나 이제 보리수아래가 장애인 포교에 다가섰기에 머지않아 사찰에서도 쉽게 장애 불자들을 만날 날이 올 것이다. 그날을 위해 나 역시 작게나마 이바지하고 싶다.

환희심으로 가득했던 1박 2일

"이번에 승가대 학인 스님들하고 템플스테이에 가기로 했어." 보리수아래 최명숙 대표님께 이번 산사 체험에 대해 듣게 되었다. 학인 스님들과 1 대 1로 함께하는 산사 체험이라니, 기대가 커져만 갔다.

산사 체험 날, 이른 아침 조계사에 도착했다. 먼저 대웅전 앞에서 합장하며 '잘 다녀오겠습니다. 좋은 시간이 될 수 있게 부처님께서 가호하소서' 발원과 함께 예를 갖추었다. 그 사이, 같이 가실 회원들도 속속 보이기 시작했다.

회원 모두가 즐거운 동행을 기다리는 마음이 얼굴에 드러났다. 승가대에서 아침 일찍 오신 스님들도 간단한 공양을 마치시고 버스에 오르셨다.

나는 범종 스님과 도윤 스님께서 1박 2일 짝꿍으로 동행해 주셨다. 도윤 스님께서 버스에서 오른손을 꼭 잡으시면서 "이틀 동안 엄마 해줄게. 엄마 스님이야."라고 말씀하셨다. 스님께서 내어주신 손은 정말 따뜻했다.

마곡사 아래 위치한 연수원이 이번 산사 체험 장소였다. 배정받은 방사에서 짧은 휴식을 하고 입재식을 진행했다. "귀의불양족존, 귀의법 이욕존, 귀의승 중중존" "마하반야바라밀다심경 관자재보살이 깊은 반야바라밀다를 행할 때……" 삼귀의와 반야심경을 봉독하며 본격적인 1박 2일 일정에 들어갔다.

첫 일정으로 참가자들의 소개를 시작으로 학인 스님의 지도로 위파사나 명상을 했다. 위파사나란 석가모니 부처님께서 직접 하셨던 수행으로 누워서 할 수도 있고 걸으면서도 할 수 있는 수행이기도 하다.

그렇게 스님의 지도로 위파사나를 마치고 저녁예불을 올리기 위해 마곡사로 올라갔다. 예불 중간중간 회원들이 스님들과 한마음으로 합장하여 기도하는 모습을 보니 참 벅찬 느낌이었다. 기도를 마치고 연수원으로 돌아와 보이차와 함께하는 우리들만의 작은 음악회를 가졌다. 시 낭송도 하고 수화노래, 범패 등 스님들과 회원 모두가 관객이 되고 출연자가 되었다. 음악회를 마치고 하루의 소감을 나누었다.

회원들은 법당 들어가기가 힘들었는데 들어갈 수 있어서 좋았다는 이야기도 했고 '장애는 업보'라는 이야기들을 들을 때마다 어깨가 움츠러들었는데 그런 것들을 잠재울 기회가 된 것 같다고 이야기하셨다.

마이크가 내 차례까지 돌아왔다. 나도 느낀 소감을 말하고 마지막으로 한 마디를 더 했다. "여기 오신 스님들이 열네 분이시잖아요. 우리 장애 불자들이 갈 수 있는 사찰이 열네 곳 더 늘었

네요. 올해 초에 스님들과 인도 성지순례를 가자는 이야기를 나누었는데 이 기회를 계기로 꼭 갔으면 좋겠습니다."라고 맺으며 마이크를 넘겼다.

  소감을 마치고 스님들이 준비해 오신 단주를 회원들에게 끼워주셨다. 새해 때마다, 또 특별한 날이 아니더라도 스님들께 염주나 단주를 많이 받았지만 이번엔 새로운 느낌이었다. 부처님께서 2500년 전에 마정수기를 내려주실 때, 제자들이 느끼는 기분이 이런 기분이 아니었을까?

  첫날의 일정을 마무리하고 스님들과 방으로 돌아와 이부자리를 폈다. 범종 스님께서는 나에게 어떻게 말을 잘하냐며 물어보셨다. "아니에요. 저 말주변이 없어요."라며 대화를 시작했다. 스님은 어떻게 불교를 접하게 되었냐고 질문하셨다.

  "복지관에 다니는 친구들이 대부분 교회를 다녔어요. 저도 장애가 있다 보니 옛날부터 의지할 '신앙생활'에 목이 말랐어요. 그런데 부모님이 불자가 아니시다 보니 혼자 TV와 책으로 교리공부를 하게 되었어요. 공부하다 보니 점점 신행 활동에 대한 열망이 커지더라고요. 그래서 제가 신행 활동을 할 수 있는 곳을 찾다보니 화계사 학생회에 가게 되었습니다."라며 스님께 입문한 이야기를 해드렸다.

  "절에 다니다 보면 노(老)보살님들이 '전생에 무슨 업이 있길래' 하고 저를 보며 혀를 차실 때가 있어요. 처음에는 큰 충격으로 다가오더라고요. 그게 싫어서 '개종'도 심각하게 생각했어요. 그런데 오히려 '장애가 업일까?'라는 화두를 삼게 되더라고요."

계속 이야기를 이어 나갔다. "저는 '장애는 내 업이다'라고 인정하는 것부터 출발했어요. 그런데 고민을 하다 보니 절에 오는 사람들은 업이 있기에 오는 거라고 생각해요. 절에 그 업을 닦기 위해 오는 게 아닐까요? 하지만 우리가 받을 업에 대한 과보는 반드시 받게 되잖아요. 수행으로 크게 받을 것을 작게 받는 것 뿐이지. 우리는 '장애'라는 눈에 보이는 과보로 받은 것뿐이에요. 하지만 보이지 않는 과보도 많잖아요. 그렇게 접근하니 하나씩 풀리더라고요."

한참 동안 듣고 계셨던 스님은 "그래도 개종을 안 해준 것이 고맙네. 노보살님들은 기복신앙이 강해서서 그런 거야. 지금처럼 공부하며 불교를 접해야 한다."라며 공감해 주셨다.

지난밤, 스님과 나눈 법담의 힘 덕분인지 편안한 밤을 보내고 아침 공양을 하기 위해 방사를 나섰다. 도윤 스님은 "잘 잤어요?" 인사를 하며 방사에 오셨다. 도윤 스님의 도움을 받아 공양간으로 가는 계단을 내려가는데 등 뒤로 혜원 스님이 저시력연합회 회장님과 내려오시는 소리를 들었다. "여기부터 계단이에요. 하나, 둘, 셋 ······" 스님의 목소리가 등 뒤로 들리니 문득 내가 교리를 공부했던 『청소년 불교 입문』(조계종출판사, 2009)의 책 뒤표지에 적혀있는 '살아 있는 모든 것은 다 행복하라'는 내용이 생각났다.

부처님의 제자 아나룻다는 해진 옷을 기우려고 바늘에 실을 꿰려고 하였지만
아무리 애를 써도 잘되지 않았다. 눈이 멀었기 때문이다. 마침내 아나룻다는 탄식 섞인 소리로 중얼거렸다.
"누가 행복을 구하는 사람이 있으면 나를 좀 도와주었으면…."
그때 아나룻다 손에서 바늘과 실을 받아 든 사람이 있었다. 부처님이었다.
깜짝 놀란 아나룻다가 물었다.
"아니, 부처님께서는 가장 행복한 분인데 왜 제 말에 응답하시옵니까?"
부처님께서 대답하셨다.
"아나룻다여, 이 세상에서 나보다 더 간절하게 행복을 구하는 사람은 없으리라."

 단 하룻밤 사이에 스님들과 회원들은 서로 함께하는 모습이 훨씬 자연스러워졌다. 아나룻다에게 오신 그 부처님이 열네 분 스님의 모습으로 옆에 계신 것 같았다.
 공양을 마치고 마곡사 탐방을 했다. 탐방 중, 대웅보전에 올라 잠시 기도를 올렸다. 여기에 올 수 있는 인연에 감사하다고. 수년간 절에 다니면서 '환희심'이라는 단어를 많이 들었지만, 정확한 의미는 알지 못했다. 하지만 이번 순례에서 그 '환희심'이란 것이 무엇인지 알게 되었다. 스님들과 걷던 시간, 기도한 시

간, 차를 마신 시간, 모든 순간이 정말 환희로웠다.

간단한 기도를 마치고 법당에서 나오니 마곡사 가을 풍경들이 참 아름다웠다. 대웅보전 앞에 단풍을 지키는 수호신처럼 작은 돌탑들이 옹기종기 쌓여있었는데 붉은 낙엽들이 카펫처럼 우수수 떨어졌다. 그 위에서 카메라를 들었다. 누구나 모델이 되었고 아름다운 장면들이 연출되었다.

회향 시간이 점점 다가왔다. 동행하신 스님들도 마무리로 소감을 말씀하셨다. 그중 많이 하신 말씀이 "같이 다니면서 법당 편의시설에 대한 중요성을 절실히 느꼈다."라며 앞으로 불사(佛事)하실 때는 장애 불자들이 법당을 편리하게 드나들 수 있도록 고려하겠다는 말씀하셨다.

개인적으로 사진 찍는 것을 좋아한다. 이번에도 되도록 많은 사진을 남기고 싶었는데 생각보다 많이 남기지 못했다. 하지만 아쉬움은 전혀 없었다. 1박 2일이 너무 소중해서 사진으로도 담을 수 없었기 때문이다.

산사 체험을 통해 말로만 들었던 '환희심'을 직접 체험하게 되었다. 그리고 또 하나 깨달은 사실은 너무 소중한 추억일수록 사진과 영상에 담을 수 없다는 것이다. 오직 우리의 기억만이 추억과 마주할 수 있었다.

아나율 존자는 어떤 업이었을까?

대학 입시를 준비하면서 불교문화학과로 진학을 결심한 이유는 '장애인 포교'에 대한 원력이 있었기 때문이었다. 불교에서 보는 '장애인'에 대한 교리가 단지 '업보' 하나인지 너무 궁금했다. 부처님의 가르침이 좋아서 신행 생활을 시작했던 내가, 장애인에 대해 경전에서 찾으면 제일 먼저 나오는 단어가 '업보'였다.

업보에 대해 인정하기 싫은 것도 있었지만 '장애인은 업 덩어리기에 부처님의 제자가 될 수 없고, 수행할 수 없는 존재인가?'라는 질문이 머릿속에 화두로 남아 있었다. 그래서 그 의문에 대해 답을 찾고 장애인 포교의 방법을 연구해 보고자 진학을 결정했다.

아쉽게도 여러 이유로 1년 만에 접어야 했지만, 나의 고민은 계속되었다. 어느 날, 한 세미나 소식을 봤다. 2014년 2월 한국장애학연구회에서 주최한 '장애와 종교'라는 주제 세미나였다. '장애학'이라는 학문이 낯선 사람들이 많을 것이다. "'장애인 복지학'의 줄임말인가?" 그러나 '장애학'은 장애인 복지학하고는 전혀 다르다.

장애인 복지학은 장애 당사자를 재활시켜 사회 통합을 이루게 하는 것이 장애인복지의 목표이다. 하지만 '장애학'은 '장애'를 재활의 대상으로 보지 않는다. 장애 자체 그대로를 받아들이고 장애 당사자가 차별 없이, 평등하게 살아가는 사회를 조성하는 방법을 연구하는 학문이다.

　그래서 장애학 책을 펼쳐보면 제일 먼저 나오는 말이 "장애인이기에 차별받는 것이 아니라 사회에서 차별받기 때문에 장애인이 되는 것"이라고 나온다. 쉽게 말해 장애인 복지학은 개인에 치우쳐진 학문이라고 하면 장애학은 사회에 대한 변화를 촉구하는 학문이다.

　그런 관점에서 불교와 기독교의 교리를 들을 수 있겠다는 생각에, 세미나 가는 길에도 큰 기대를 했었다. 특히 불교는 교리나 포교의 측면에서 불교와 장애를 연구한 자료가 적기 때문에 나에게 다가오는 의미는 상당했다. 불교는 불교 사회복지 교수님께서 발제하셨는데 경전 이야기와 불교적 장애 이론으로 원효 스님의 이장의에서 나오는 이론, 그리고 아나율, 웃다 등 장애가 있는 부처님 제자들을 언급하셨다.

　하지만 발제를 들으면서 고개를 갸우뚱 하게 하는 부분이 있었는데 첫 번째는 아나율 존자 이야기였다. 아나율 존자는 부처님의 십대제자였다. 경전에서는 아나율 존자가 처음에는 수행을 열심히 하지 않고 게으른 제자였다고 한다. 그런 아나율 존자에게 부처님은 '게을러서 언제 수행하고 깨달을 수 있겠냐?'

라며 존자를 꾸짖으셨다고 한다.

그 꾸짖음을 듣고 정신이 번쩍 든 존자는 원을 세웠다. "내 시력을 잃을지라도 깨달음을 얻을 때까지 잠을 자지 않고 수행하리라." 이 원력으로 존자는 잠을 자지 않고 열심히 수행했다. 그렇게 잠을 자지 않고 수행하다 보니 시력을 잃었다고 나온다. 하지만 그 수행의 결과로 마음의 눈을 뜨고 세상을 꿰뚫어 볼 수 있는 천안통을 얻었다고 한다. 이를 불교에서는 '천안제일'이라 부른다.

이 이야기를 하시며 교수님은 발표 자료에서는 언급하지 않았지만 "왜 수행을 하는데 시력을 잃었는지, 개인적으로는 잘 이해가 되지 않는다."고 하셨다. 나는 그 말씀을 듣고 조금 놀랐다. '이거는 기독교적 사고 아닌가?'라는 생각이 들었기 때문이다.

고3 수험생, 고시생을 생각해 보면 매일 공부로 밤새는 경우가 많다. 피로가 누적되면 빈혈로 쓰러지는 경우도 있고 코피를 쏟는 경우도 있다. 그러나 그 상황들을 보면 "왜 공부를 하는데 왜 쓰러지고 코피를 쏟을까?"라고 질문한다면 그 질문이 맞는 질문일까?

나는 아나율 존자에 대해서 바라볼 때, 이러한 관점에서 바라보아야 한다고 생각한다. 아나율 존자가 실명, 즉 시각장애를 얻었는데 이 장애를 아나율 존자의 방일에 대한 과보라고 여기면 안 된다는 것이다.

불교는 전지전능한 신을 모시고, 신에게 가르침을 받는 종교가 아니다. 인간 고타마 싯다르타가 인간의 몸으로 생로병사를 믿고 수행하며 깨달은 석가모니의 가르침을 배우고 그 길을 걸어가는 종교가 불교이다.

우리가 아나율 존자에게 배워야 하는 것은 열심히 수행 정진을 하면 누구나 깨달음을 얻을 것이라는 확신이다. 그리고 이 확신은 전생, 혹은 업보, 과보의 경계를 떠나는 것이다.

불교를 공부하다 보니 부처님께서 아나율 존자뿐만이 아니라 장애가 있는 다른 제자들도 외면하지 않았다는 것이다. 또 다른 대표적인 이야기가 '주리반특 존자'에 대한 이야기였다. 주리반특은 한 가지를 알려주면 돌아서서 까먹고, 또 알려주면 까먹는 제자였다. 오늘날로 말하면 지적장애 당사자라고 볼 수 있다.

부처님께서는 이런 주리반특에게 다른 법문은 하지 않으시고 빗자루와 쓰레받기를 주시며 '청소해라, 청소하면서 '마음을 쓸자' 이 말만 되뇌며 오로지 청소만 하라'고 설하셨다. 주리반특은 일심으로 부처님의 가르침을 실천하며 깨달음 경지까지 올랐다.

주리반특은 아나율 존자와는 달리 선천적 장애 당사자로 보인다. 하지만 부처님께서는 장애가 있는 자라고 무시하거나 경멸하시지 않으셨다. 오히려 근기에 맞는 가르침을 설하시며 깨달음으로 이끄신 분이신 것이다. 전생의 업도 운운하지 않으셨다.

장애 당사자가 불교에 장벽을 느끼는 것이 업(業) 사상이다.

"전생에 무슨 업이 있어서 장애를 업보로 받았을까?" 이 사상이 장애 당사자들로 하여금 불교의 신앙을 받아들이지 못하게 하는 요인이고 장애 불자들 또한 타 종교 개종의 유혹에 쉽게 휘둘릴 수 있게 된다.

나 역시 "정말 불교가 좋은데 '전생의 업'이라는, 내 장애 하나로 불교에 머무를 수 없게 되는가?" 깊은 고민을 한 적이 있다. 여러 스님께 법을 청하기도 하고 논문도 찾아보고, 경전들도 찾아보았다. 그 과정에서 내가 내린 결론은 '인정'이었다.

"그래, 나도 모르는 전생의 업이 있었겠지." 하지만 장애가 있는 사람이던, 없는 사람이던 불교의 목표는 '해탈'이다. 육도윤회에서 벗어나는 것인데 그 윤회를 벗어나지 못한 중생이기에 사람의 몸으로 이 세상에 온 것이다.

그리고 오히려 장애로서 업보를 받았다는 것을 알게 되었으니 장애 불자들은 더욱 업장 소멸에 힘을 쏟을 수 있는 계기가 된 것이다. 「보왕삼매론」에서 '몸에 병 없기를 바라지 마라. 몸에 병이 없으면 탐욕이 생기기 쉽나니 그래서 성인이 말씀하시되 병고로써 양약을 삼으라 하셨느니라. (중략) 공부하는데, 마음에 장애 없기를 바라지 마라. 마음에 장애가 없으면 배우는 것이 넘치게 되나니 그래서 성인이 말씀하시되 장애 속에서 해탈을 얻으라 하셨느니라.'라고 설하셨다.

이 가르침을 새기며 때때로 흔들리는 나를 다 잡곤 한다. 우리들의 장애를 보왕삼매론의 말씀처럼 양약으로 삼고, 벗으로 삼는다면 더욱 수행에 매진하게 되지 않을까? 그렇다면 더 이상, 신체적 장애는 전생의 업에 의한 과보가 아닌 수행 속에서 장애 불자들만의 도반이 될 수 있게 된다.

하지만 장애 당사자로서 불교계에 아쉬운 점도 있다. 종단마다 조금 다르겠지만 대부분의 종단이 불교적인 특성, 사회, 문화적으로 장애가 있는 사람들의 출가는 제한되어 있다. 이것도 많은 의문이 가서 스님들께 묻기도 하고, 하고 싶은 이야기도 많지만, 아직 정확한 문헌으로 보지 못했고 논란이 있기에 여기서 언급하는 것은 부적절하다.

다만, 그것이 불교가 장애인을 차별한다는 이유가 될 수 없다. 아나율과 주리반특과 같이 부처님께서는 절대 장애 당사자들을 시혜와 동정의 대상으로 바라보지 않으셨다. 여느 수행자와 똑같이 바라보셨다.

꼭 머리 깎고 승복을 입어야 출가하는 것은 아니다. 장애 불자들도 사찰을 오가고 또, 자신을 이해하고 마음이 맞는 스님이 계신다면 그 스님께 지도를 받아 집과 사찰에서 수행 정진해보자. 그것은 모습만 다를 뿐, 또 다른 출가이다.

사람과 사람이 사는 세상

 신문을 보다가 어느 장애 당사자의 자립생활 기사를 보았다. 기사에 나온 선생님의 사진에 나온 미소 띤 얼굴은 전염력이 높았다. 사진을 보니 나도 모르게 미소가 지어졌으니 말이다.

 오랫동안 중증 장애 당사자로서 가족의 품에서 살다가 자신이 좋아하는 강아지를 입양해 함께 좌충우돌 동거하며 자립하고 있는 이야기가 기사로 나왔다. 예전보다 장애 당사자들의 자립이 증가한 까닭은 당사자의 욕구도 높아진 이유도 있지만 '장애인 활동 지원' 제도 도입이 큰 몫을 차지하고 있다.

 과거에는 장애 당사자들의 돌봄을 위해 산 좋고 물 좋은 곳에 시설을 지어 '보호'라는 명분 아래, 집단 수용을 시켰던 패러다임을 전환하여 당사자 스스로가 결정하여 지역 사회 속에서 당당한 구성원으로 살아가는 것이 '자립생활'이고 '탈시설'이다.

 하지만 자립생활은 탈시설 당사자들만 하는 것이 아니라 가족 품에서 독립해 생활해 나가는 것도 자립생활이다. 그런데 장애가 없는 사람들도 성년이 되면 독립적으로 거주하는 사람들이 많다. 이것 역시 '자립'이고 '독립'이라 부른다. 장애가 있는 사람들의 자립생활도 이와 크게 다를 게 없다.

장애 당사자들이 자립생활 운동을 전개해 나갈 때, 제일 먼저 사회에 요구한 제도가 앞서 말한 '활동 보조인 제도'이다. (현재는 '활동 지원인 제도'라고 부른다) 그런데 이런 활동 지원사를 장애 당사자들의 개인 비서로 오해하는 분들을 만나기도 한다. 활동 지원사는 장애 당사자의 생활적인 부분들을 지원해 주는 것이지 장애 당사자들의 비서가 아니다.

이런 부분들은 장애가 없는 사람들도 오해하기도 하지만 이 제도를 이용하는 몇몇 당사자들도 이러한 인식을 하고 있고, 활동 지원사들도 이용자를 '도와주는' 대상으로만 바라보는 시각을 가지기도 한다.

장애 당사자 이용자와 활동 지원사의 관계는 단순한 이용인과 지원사의 관계가 아니다. 여느 관계와 마찬가지로 '사람' 사이의 관계, 서로 맞추어나가는 관계인 것이다.

사람을 의미하는 한자, 人인이 있다. 이 글자는 어린아이들도 알고 있는 한자일 것이다. 나는 이 글자 자체를 배운 것보다, 이 글자가 만들어진 배경을 통해 더 많은 것을 배웠다. '사람 人인'이라는 글자는 두 사람이 등을 맞댄 것을 형상화하여 만든 글자라고 한다. 두 사람 중, 단 한 사람이라도 떨어진다면 나머지 한 사람은 넘어지게 되어있다. 그것은 우리에게 분명한 가르침을 주고 있다. 서로 협력해야 하는 존재가 바로 '사람'이라는 것이다.

장애 당사자들에게 대표적으로 복지기관이나 사회에서 생활

용품이나 음식들을 지원하는 사업들이 많다. 경제활동이 어려운 당사자들을 위한 복지사업이다. 그런데 이런 지원을 오랫동안 받은 일부 장애 당사자들은 받는 것에만 익숙해지고 받는 것을 당연시한다. 모임에서 회비를 내거나 어디 가기 위해 참가비를 일부라도 내라고 하면 종종 그곳에 참가하지 않거나 불만을 표하는 당사자들을 만난다.

 이런 문제들은 장애 당사자들도, 사회도 모두 반성하고 변화되어야 되는 부분이다. 장애 당사자들도 보장받아야 되는 권리도 있지만 '주는' 권리, '해야 할' 의무도 있는 것이다. 그리고 사회에서도 무조건 장애 당사자들을 '도움만 받는 사람'들로만 만들지 말아야 한다.

 하지만 장애가 있는 분 중에서도 정말 경제적으로 어려운 분들이 분명히 있다. 그런 분들한테 "당신들도 받지만 말고, 주기도 해야 해."라고 말한다면 난처할 것이다. '내가 어떻게?'라고 반문하며.

 문득 불교 가르침 중, '무재칠시'라는 가르침이 생각난다. 없을 무無, 재물 재財, 일곱 칠七, 베풀 시施. 재물이 없이도 베풀 수 있는 일곱 가지 가르침이다.

    화안시和顏施, 얼굴에 밝은 미소를 띠고 부드럽고 정답게 상대를 대하는 것.
    언시言施, 공손하고 아름다운 말로 상대를 대하는 것.
    심시心施, 착하고 어진 마음, 즉 좋은 마음, 기쁜 마음으로 상대를 대하는 것.

안시眼施, 호의를 담아 부드럽고 좋은 시선으로 상대를 바라보는 것.

신시身施, 힘으로 상대를 도와주는 것.

상좌시床座施, 타인에게 자리를 양보하는 것.

방사시房舍施, 타인에게 쉴 공간을 나누어 주는 것.

이것이 재물이 없어도 베풀 수 있는 것이라고 한다. 화안시, 언시, 심시, 안시는 누구나 마음만 먹으면 지금이라도 할 수 있다. 물론 여건에 따라 신시나 상좌시, 방사시는 어려울 수도 있다.

하지만 다시 생각해 보면 무재칠시 중, '신시'는 마음의 근력으로도 도와주는 것이 될 수 있고 타인을 편하게 해주기 위해 자리에서 빠져주는 것도 '상좌시'가 될 수 있는 것이다. 마지막으로 '방사시'는 슬픈 사람에게 어깨를 내주고 눈물을 펑펑 흘려 마음을 편안하게 할 수 있도록 휴지를 건네는 것, 그리고 혼자 가기 어려운 곳에 동행하여 가는 것도 방사시가 될 수 있다.

이처럼 무재칠시는 누구나 실천할 수 있고 오히려 물질적으로 도움을 주는 것보다 더 큰 도움이 될 수 있다.

'꼭 필요한 사람이 되자'의 뜻을 가진 사자성어, 당작요인當作要人을 좌우명으로 살아가고 있다. 그동안 받아왔던 것을 내 능력 안에서 돌려주고 싶다는 생각에서다. 그럼에도 나도 모르게 여전히 받고만 있고 그런 나 자신을 알아챌 때가 있다.

그럴 때마다 부처님 말씀 중, "나눔을 가져라."라는 말씀을 떠올린다. "기쁘게 주어라.", "감사히 받아라."라는 말씀보다 왜 부처님은 "나눔을 가져라."라고 말씀하셨을까? '주는 자', '받는 자'가 정해져 있는 것이 아니기 때문이다.

서로 다양한 방식으로 주고받으며 더불어 사는 것이 바로 '나눔'이고 사람 人인 자에 담긴 정신이다. 나 역시 지금 실천해 본다. 일곱 개의 무재칠시 중에서 라도 하나하나 실천해 나간다면 그것이 바로 '사람과 사람이 사는 세상'이다.

늦은 밤, 울리는 전화 한 통

 자정이 다가오는 늦은 밤, 멀리 떨어져 있던 핸드폰에서 진동이 울렸다. 낯익은 친구 이름이 수신자 번호로 떴다.

 "여보세요?", "현승아" 조금 취기가 오른 친구의 목소리가 들렸다. "잘 지내?" 친구의 톤에 나도 한 톤 높여 답하였다. 작년에 결혼식을 올린 친구였는데 한 차례 통화를 하고 근 1년 만에 하는 통화였다. 그 친구는 몇 안 되는 오래된 친구이자 나의 첫 절친구이기도 하다.

 처음으로 참여한 화계사 학생회 2부 시간에는 '땅콩껍질'이라는 마니또 게임을 했었다. 이름과 연락처 등을 적어 제비뽑기를 한 뒤, 일정 기간 서로 친해지는 게임이었다. 거기서 처음 뽑은 이름이 그 친구였다.

 종이 안에는 이름뿐만 아니라 전화번호, 당시 유행했던 '버디버디' 메신저 아이디가 적혀있었다. 나는 I를 가진 성향으로 누구에게 먼저 다가가질 못했다. 누군가 먼저 다가와 이야기를 나누길 원한다.

 언어장애 속에서 비롯된 콤플렉스라고 해야 하나? 아무래도 '언어'라는 것이 알아듣지 못하면 상대의 시선은 다양하게 변한다. 아직도 그 시선이 두렵기만 하다. 그런 나에게 먼저 말을 걸어준 친구이다. 한 마디, 두 마디 대화를 주고받으며 서로 가까운 친구가 되었다. 한 달이 지나고 마니또를 공개하는 시간이 다가왔다. 과연 내 이름을 뽑은 친구는 누구일까? 둥글게 앉아 한 명씩 발표했다. 중간 중간 한두 명씩 서로를 뽑은 커플들이 탄생했다.

"오우~ 나와서 노래나 춤 한 가지 해." 앞으로 불러들이며 그들을 축하했다. 그러던 중 무언가 아신다는 듯 간사님께서 말씀하셨다. "잠깐, 또 커플이 나올 것 같은데." 학생회 간사님 말씀에 축하공연은 뒤로 하고 진행을 계속하였다.

내 반대쪽에 앉아 있던 친구 차례가 다가왔다. "저는 45기 홍현승 법우를 뽑았습니다." 놀라움을 감출 수 없었다. "저도 ○○○ 법우를 뽑았습니다." 그 순간 법당에서는 함성이 터져 나왔다. 간사님도 "거봐 내가 또 나온다고 했잖아."하고 박수를 쳐주었다.

덕분에 더욱 빨리 친해지는 계기가 되었다. 학교에 다니면서 한 번도 수련회나 수학여행을 갔던 적이 없었다. 그런데 학생회 포교사님께서 겨울수련회에 함께 가자는 제안을 하셨다. 학교가 아닌 절에서 받은 제안이라 놀라기도 하였고 당황스럽기도 했다.

여러 가지 걱정으로 갈팡질팡할 때, 포교사님은 말씀하셨다. "현승이가 수련회를 감으로 해서 학생회 아이들이 더 단합되는 계기도 되어요." 그 말씀에 처음 수련회를 갔다. 학생회에서는 여름과 겨울, 두 차례 수련회를 진행한다. 여름에는 수련회로 템플스테이를 가고 겨울에는 스키캠프를 가고 있다.

그 해, 청평으로 겨울 스키캠프를 갔었는데 정말 기억에 남는 장면이 떠오른다. 나는 기본적인 생활은 도움이 필요 없이 가능하다. 수련회 이튿날에도 머리를 감고 있는데 슬쩍 나의 손에 쥔 샤워기를 빼더니 직접 머리에 묻은 샴푸를 씻겨주었다. 처음이었다. 친구가 내 머리를 감겨준다는 것, 그런 다정함을 직접 느낀 것은.

또 하나 에피소드가 떠오르는데 학생회를 졸업하고 동기들이랑 대학생 법회를 만들어 다닐 때였다. 법회를 끝내고 친구의 손을 잡고 절 마당으로 내려왔는데 한 거사님이 내가 올라가는 줄 알고 나에게 '업어줄까요?'라고 했다. 그때 친구가 "아니에요. 안 올라가요." 손사래를 쳤다.

그 모습에 거사님은 "같은 화계사 가족인데 거, 너무 매몰차게 그러지 마요."라고 말하며 마음에 안 드는 표정을 지었다.

많은 사람은 장애가 있는 사람을 바라볼 때, 무조건 도와주어야 한다는 생각에 당사자의 의사도 묻지 않고 도움을 주는 경우가 있다. 그러다가 도움을 거절하면 자신의 호의를 거절했다고 역정을 내는 경우가 있다.

하지만 중요한 것은 당사자의 의사이다. '도와줄까요? 라는 말은 질문이지 '도와주겠다.'라는 통보가 아니다. '장애가 있으니 내가 도와주어야 한다.'라는 관점은 단순한 예의를 넘어 장애 당사자들의 자기 결정권을 침해하는 행위가 될 수도 있다.

친구도 그런 것을 잘 알았기 때문에 내 옆에 다가와서 그 분에게 말씀드린 것이다.

서로를 배려하는 마음이 더욱 *끈끈*하게 만든다. 학교와 복지관 외엔 특별한 관계가 없었던 나에게 화계사 학생회는 부처님과의 만남뿐만 아니라 함께 가는 도반도 만났다. 백천만겁 지나도록 만나기 어려운 부처님의 가르침 속에서 만난 도반은 참 소중한 인연이다.

수행의 종교가 장애를 가진 사람들을 만나면

불교를 수식하는 표현은 많이 있다. '수행의 종교', '믿음의 종교', '깨달음의 종교', 여러 가지 수식어가 있지만 불교를 수식하는데 가장 먼저 나오는 단어는 뭐니 뭐니 해도 '수행'일 것이다.

불교의 수행에는 여러 가지가 있다. 그중 어느 것이 좋다, 어느 것이 최고라고 말하기보다는 참선이면 참선, 간경이면 간경, 사경이면 사경, 염불이면 염불, 한 가지 수행을 맛보고 나의 수행으로 삼는 것이 중요하다. 내가 해본 수행을 몇 가지 소개해 보자면 제일 먼저 떠올릴 수 있는 수행이 '절'이다.

"절에 들어서면 절로 시작해 절로 끝난다."라는 말이 있을 만큼 한국 불교는 절 수행을 많이 하는 문화이다. 그래서 나 같이 신체장애가 있는 분들은 불교에 귀의해도 "우리가 어떤 수행을 할 수 있을까?" 고민을 많이 한다. 나도 고민하던 어느 날, 문득 "나도 백팔 배를 해볼까?"라는 생각을 했다.

한국에서는 흔히 하는 백팔 배이지만 나로서는 큰 도전이었다. 그래서 첫 백팔 배는 절이 아닌 집에서 해보기로 마음먹었다.

한 배를 시작했다. 호흡을 고르면서 열 배를 하고, 스무 배를 하고, 서른 배를 할 동안 등에는 땀으로 지도를 그렸다. '힘들다', '그만둘까?' 절을 하면서 이런 생각들이 먼저 앞설 줄 알았던 나는, 시간이 지날수록 이 백팔 배를 마치고 싶다는 생각이 커졌다.

할 수 있을까? 절을 하면서도 계속 나를 의심하곤 했지만, 어느새 나의 첫 백팔 배는 한 시간도 되지 않아 회향할 수 있었다. 허벅지가 부들부들 떨리고 땀으로 온몸이 젖었지만 걷지 못할 정도는 아니었다.

화계사 학생회에 다니면서 여름수련회를 마곡사로 간 적이 있다. 2박 3일이었지만 매일 아침 백팔 배를 했다. 그때, 처음으로 백팔 배 음악이 있다는 것을 알았다. 잔잔한 배경음악에 백팔 개의 문구를 들으면서 절을 할 수 있는 명상음악이었다. 38분 길이의 음악인데 천천히 할 수 있어 땀도 덜 흘리고 몸에도 무리가 가지 않는다.

마곡사를 다녀와서도 백팔 배 음악을 틀어놓고 오랫동안 백팔 배를 했었다. 그러다 고모의 추천으로 또 다른 수행을 경험할 수 있었는데 그 수행은 '능엄신주'였다. 성철스님께서 불자들에게 삼천 배와 더불어 권유하신 기도법이다.

'능엄신주'는 부처님께서 직접 설하신 주문으로 부처님 정수리에서 나왔다고 하여 '대불정능엄신주'라고 부르고 줄여서 능엄신주, 또는 능엄주라고 부른다. 능엄주는 429글자로 진언이 길고 발음도 억세서 기도하기가 쉽지 않았다. 처음, 이 기도를 할 때는 한글을 배울 때로 돌아간 것 같았다. 분명 한글로 쓰여 있었는데 발음이 마음대로 되지 않았다.

> 스타타가토스니삼 시타타파트람 아파라 지탐 프라퉁기람 다라니
> 나맣 사르바 붇다보디사트베뱧 나모 샅타남 사먁삼붇다
> 코티남 사스라 바카 삼가남

한국 불교에서 가장 많이 독송하는 다라니가 '신묘장구대다라니'이지만 신묘장구대다라니에 비해 능엄주가 발음이 어려워서 기도하기 힘들었다. 그러나 기도는 가장 힘들고, 간절할 때, 기도의 힘이 나온다.

대학을 졸업하면 취업이 가능할 줄 알았던 현실은 기대와 달리 호락호락하지 않았다. 세상은 냉정했고 그 세상 속에 내가 살고 있었다. 그때, 고모의 권유가 생각났다. '능엄신주', 그렇게 처음 능엄신주와 만나게 된 것이다. "왜 시작했을까?" 능엄주를 넘기자마자 드는 생각이었다.

그렇지만 이것도 나 자신에게 져 버리면 안 될 것 같아 이 악물고 독송했다. 처음 독송을 마칠 때까지 50분에서 1시간 정도 걸렸던 것 같다. 어려웠던 능엄주를 마치자, 백팔 배를 마쳤을 때와는 또 다른 성취감과 희열을 느꼈다. 점점 시간이 단축되어서 지금은 한 독 하는데 15분에서 20분 정도 걸린다.

능엄주 기도는 여러 특징이 있겠지만 기도하면서 알게 된 가

장 큰 특징은 '집중'이었다. 입에 붙으면 기도하다가 삼천포로 빠지기 쉽고 잠시 다른 생각을 해도 순식간에 기도가 꼬인다. 한번 꼬이면 돌아오기가 쉽지 않아 나에게는 능엄주를 할 때, 가장 많은 집중이 필요하다.

주리반특의 빗질 수행을 하여 깨달음의 경지까지 오르셨다는 이야기를 여러 곳에 쓴 적이 있다. 부처님께서 주리반특에게 알려주신 그 수행의 핵심은 '일심 一心'이었다. 오직 한 마음으로 수행하는 것. 그렇지만 이 수행을 한다고 해서 누구나 깨달음을 얻기는 쉽지 않다. 흔들림 없이 주리반특처럼 수행하기 쉽지 않기 때문이다.

무상심심미묘법 백천만겁난조우
無上甚深微妙法 百千萬劫難遭遇
아금문견득수지 원해여래진실의
我今聞見得受持 願解如來眞實義

가장 높고 미묘하고 깊고 깊은 부처님 법
백천만겁 지나도록 만나기 어려워라
나는 이제 보고 듣고 배우오니
원하옵건데 부처님의 진실한 뜻 알기를 원합니다.

모든 경전을 독송하기 전에 외우는 게송, 개경게이다. 나는 이 개경게를 좋아한다. 신행 생활 속에서 어려움이 있을 때, 개경게를 되뇌면서 나 자신을 잡는다. 비록 장애가 있는 나이지만

이 장애 때문에 불교에 다가갔고 나의 수행을 정립할 수 있었는지도 모른다.

'장애 당사자'와 '불교'의 관계는 어느 종교보다 시너지를 낼 수 있는 종교라고 확신한다. 장애는 '병病'이 아니다. 치유의 대상도 아니고 인생의 동반자가 되어 함께 가는 우리의 삶이다. 그 삶 속에서 '불교'라는 기름을 만나 백팔 배, 염불, 참선, 간경, 사경 등 자신에게 맞는 수행을 한다면 우리의 삶은 더욱더 윤택해질 것이다.

함께 수행하자. 정진해보자. 함께 불교를 공부해 보자. 수행의 종교가 장애가 있는 사람들을 만나면 우리의 장애는, 우리의 업장은 누군가의 안쓰러움이 아니라 자랑스러운 수행의 벗이 될 것이다.

모두가 법당에 들어갈 수 있다는 것

 사회복지를 전공한 친구가 '장애인 편의시설'에 대해서 전공 수업에서 토론했던 이야기를 해주었다. 장애인의 편의시설 확충에 대한 찬/반 토론이라고 했다.

 그 토론에 참여한 학우가 장애인 편의시설 확충에 반대하며 "장애 당사자들의 이용률이 낮은데 지하철이나 공공기관에 엘리베이터나 장애인 편의시설 확충이 필요하냐?"라며 반론을 펼쳤다고 한다.

 반론을 듣고 친구는 "엘리베이터가 장애인들만 이용하는 거냐?" 반박하며 장애인, 어르신, 다친 사람들 모두가 쓰는 것이라고 주장해서 토론 성적을 잘 받았다고 자랑한 기억이 난다.

 종교가 없던 때에 마음에 위로를 받고 싶어찾아간 화계사 학생회였다. 학교라는 한정된 공간 안에서만 교류가 있던 나에게 화계사 학생회는 또 하나의 교류 장이었다. 하지만 그때만 해도 화계사는 온통 돌로 된 계단뿐이었다.

 유일하게 대적광전에 난간이 있어 타인의 도움 없이 올라갈 수 있었다. 그래서 나는 그 계단으로 오르락내리락했었다. 사찰의 제일 큰 어른이 계신 곳을 대웅전이라고 한다. 절에 가면 제일 먼저 들러야 하는 곳이지만 대웅전으로 올라가는 계단에는 잡을 수 있는 난간이 전혀 없었다.

어느 날, 사찰 마당에서 주지 스님을 마주친 적이 있다. 스님께 인사드리면서 나는 "대웅전 올라가는 계단에 난간 하나만 설치해 주시면 안 될까요?"라고 말씀드렸다. 스님께서는 바로 종무실장님을 부르셔서 난간과 경사로를 만들어 주셨다.

지금 설치된 경사로는 장애 당사자들만 이용하지 않는다. 노보살님도 편안히 법당 오르락내리락하시고 불단에 올리는 무거운 공양물을 옮기는 길목이 되기도 한다. 친구가 토론 시간에 했다는 말들을 다시 곱씹는 순간이었다.

문화예술과 불교가 있는 장애인들의 모임 보리수아래에서 전국 사찰 편의시설 조사를 한 적이 있다. 조계종 사회부의 불교문화 단체 지원으로 진행했던 조사 사업으로 전국 조계종 교구본사를 포함하여 88개의 사찰을 조사하였다.

나 역시 서울과 부산을 중심으로 동행하면서 조사에 참여할 수 있었다. 장애인 편의시설과 멀게만 보였던 사찰을 자세히 둘러보니 많은 노력을 기울이고 있음을 알 수 있었다. 그중에서 가장 기억나는 사찰이 부산의 삼광사와 홍법사였다. 홍법사는 법당으로 올라가는 엘리베이터도 설치되어 있었고 삼광사 역시 대웅전 앞까지 올라가는 경사로가 설치되어 있었다. 사찰이 장애 당사자들의 접근 자체가 불가하다는 생각은 이제 옛말이 되었다.

장애 당사자 권익이 향상하면서 여가생활이나 문화생활에 대한 관심도가 높아지고 '휠체어 여행' 작가들도 많아지고 있다.

그분들의 SNS나 글을 보면 종교를 떠나 템플스테이 참여에 대한 욕구도 높아지고 있다.

그러나 아직 템플스테이의 편의시설이 부족한 곳이 많고, 설사 편의시설이 갖춰져 있더라도 홍보가 부족해 장애 당사자들이 이를 알지 못하는 경우가 많다. 하지만 최근에는 템플스테이 숙소나 전각을 지을 때 장애인 편의시설을 고려해 건축하는 사례가 점점 늘고 있다.

이러한 변화들이 나타나고 있기에, 앞으로 장애당사자들이 더 많은 사찰에서 템플스테이를 체험할 수 있을 것이다.

장애 학생 대학 진학 운동을 하시는 장애인학생지원네트워크 김형수 대표님은 "학교에 장애 학생이 지금 당장 없어도 엘리베이터가 있다는 것은 장애 학생은 물론, 그 어떤 학생이 와도 되는 학교"라고 말했다.

절에서는 "오는 사람 막지 않고, 가는 사람 붙잡지 않는다"는 말이 있다. 부처님의 가르침이 필요한 사람이라면 누구든 두 팔 벌려 환영하는 것이 불교의 정신이다. 장애 당사자라고 해서 예외가 아니다.

장애 당사자 역시 사찰 참배는 물론, 템플스테이와 같은 문화 활동에도 참여할 수 있도록 꾸준히 노력을 기울여야 한다. 그것이 바로 종교의 역할이다.

듣고 싶었던 말, 그러나 쉽지 않은 말

　은사 스님과 인연이 닿은 것은 중학교 2학년 무렵이었다. 화계사 학생회에 다닐 때, 법사 스님으로 인연이 되었다. 스님을 뵈었을 때, 가장 놀랐던 것은 나를 처음 봤을 때부터 장애가 있는 법우가 아닌 학생회 법우로 대하신 부분이었다.

　지금은 그리 놀랄 일은 아니지만 많은 스님, 아니 많은 사람들이 처음 나를 보면 언어장애에 겉으로 나타나는 모습이 보이니 당황해하시거나 차갑게 대하기도 하고 때로는 이런저런 이야기로 소위 테스트를 시켜보기도 한다. 이제는 적응할 법도 하지만 가끔은 극심한 모멸감이 드는 건 어쩔 수 없는 것 같다.

　하지만 스님은 다르셨다. 처음 만나는 학생들과 똑같이 대해주신 것이다. 내가 바라던 모습이기도 했지만 스님께서 보여주신 모습이 오히려 적응되지 않기도 했다.

　스님과의 추억을 돌이켜 보면 제일 먼저 기억나는 것이 오체투지 순례였다. 화계사 주지였던 수경 스님께서 4대강 오체투지를 하셨을 때, 학생회도 일일 순례로 동참하였다. 평소 같으면 법우들의 도움을 받았을 텐데 그날따라 스님께서 직접 부축을 해주셨다. 그러나 그날은 단순한 부축이 아니었다.

나를 스님이 부축해주셔서 오체투지에 한 시간 가까이 동참한 것이었다. 오체투지를 하다 보니 그곳에 계셨던 분들은 '장애가 있음에도 수경 스님을 응원하고 4대강을 살리는 데 동참하고자 오체투지까지 직접 했다.'라며 나를 주목했다. 하지만 스님이 계시지 않았다면 상상도 하지 못한 일이었다.

오체투지를 마치고 스님께 '몸살 안 나셨냐?'라고 여쭤보고 싶었지만 차마 여쭤보지 못했다. 순례를 마치고 돌아오는 버스에서도 스님은 한 명, 한 명 살피셨다. 어김없이 나에게도 힘들지 않으냐고 물어오셨다. 나를 부축하고 오체투지를 하신 스님이 오히려 힘드셨을 텐데 말이다.

그런 스님을 더욱더 의지할 수밖에 없었다. 동명대를 간다고 했을 때, 나의 결정도 많이 지지해 주셨지만, 엄마와 같이 내려간다고 하니 엄마의 걱정도 함께 해주셨던 분이 스님이셨다.

부산에 내려간 지 얼마 되지 않아 친구한테 연락이 왔었다. "스님 이번 주에 파라미타연합법회에 함께 가시고 학생회 그만두신대." 갑작스러운 연락이었지만 금요일 마지막 수업을 듣고 서울에 올라왔다.

오랜만에 조계사에서 열린 연합법회에 함께했다. 스님과 버스 맨 앞자리에 같이 앉아 왔는데 4~5년의 인연이 깊었던 탓인지 법우들과 마지막 인사를 나누시면서 진한 아쉬움을 남기셨다.

스님께서 모두에게 말씀하시고 자리에 앉아 내게 말씀하셨다. "넌 스님이랑 죽을 때까지 만나야 해." 친구하고 어린 나이에 우정을 깊이 나누며 했던 말이다. 하지만 시간이 지날수록 이 말의 무게는 물론, 쉽지 않은 말임을 알게 되었다. 그 말을 스님께 들으니 너무 감사하고 벅찬 마음이 올라왔다.

그 이후로도 일 년에 두세 번, 스님이 수행하고 계신 토굴로 찾아뵈었다. 친구나 지인들과 가기도 했고 혼자 내려간 날도 있었다. 스님과 기도하고, 공양과 차담을 나누며 말씀해 주시는 시간이 힐링이 되는 시간이 되었다.

유일하게 집안에서 신행 생활하는 나에게 불교에 대한 궁금증이 있어서 법을 청하면 스님은 어느 하나도 가볍게 여기지 않으신다. 그중, 가장 기억에 남는 것은 동명대에 입학하기 전, 스님께서 "너는 불교학도이기 이전에 불자야! 명심해."라는 말씀을 몇 번이고 해 주신 것이다.

하지만 그 말씀을 들을 때마다 조금 이해하기 어려웠다. '왜 당연한 이야기를 하실까? 불자이기에 불교학도 공부하는 건데.' 그러나 수업을 들으면서 왜 나에게 신신당부하신 건지 알 수 있었다. 강의로서 불교 철학을 공부하거나 불교 심리 수업으로 아비달마 같은 과목을 들었지만 정작 늘 해오던 내 수행과 기도는 놓치는 나를 마주한 것이다.

어느 날, 스님께서 전화를 주신 날이 있었다. '무슨 일 있으신가?' 깜짝 놀란 마음으로 받은 전화 내용의 요지는 대전 토굴에서 부산 포교당으로 옮기셨다는 소식이었다. 갑작스러운 스님의 소식이었지만 그 소식을 듣고 부산으로 내려갔다.

걱정스러운 마음에 오기 전에 근처 지하철역으로 마중 나오시겠다고 말씀하셨지만 지도를 찾아보니 충분히 혼자 갈 수 있는 거리였다. 스님이 계시는 포교당에 갔을 때, 제일 먼저 탱화 하나가 눈에 들어왔다. 불교의 유토피아인 연화장세계를 표현한 탱화였는데 흔하게 봤던 탱화는 아니었다. 색감이 강하지 않고 평화로움이 물씬 나는 그 탱화는 친견할 때마다 언제나 마음의 안식을 주고 있다.

스님이 계시는 곳이 거주지가 많은 동네의 포교당이다 보니 신도님들이 많이 찾아오시는 곳이다. 신도님들은 서울에서 왔다고 하니 어떻게 왔는지 놀라움을 감추지 않았다. 그 놀라움에 스님께서는 별일 아닌 듯, "아이고, 우리보다 젊어서 더 잘 다녀요. 역에서도 서비스 다 해주지, 지하철 있지, 길 모르면 스마트폰 찾아서 가지, 걱정할 것이 뭐 있어요? 처음에 여기 올 때, 전철역에서 전화하면 마중 나간다니까 알아서 잘 찾아오던데 걱정할 게 뭐 있나?"라며 대수롭지 않게 여기신다.

스님의 반응을 그냥 넘길 수도 있지만 장애 당사자들에 대한 시선도 내포된 것이다. '신체적인 장애가 신행에는 그다지 걸림이 되지 않고 여느 불자와 같다'라는 것을 몸소 보여주신 것이다.

보리수아래에서는 스님께 새해가 되면 법문을 청해 듣는다.

그중, 기억에 남는 법문이 있는데 '이산혜연선사 발원문'을 인용하신 법문이었다.

"'내 모양을 보는 이나 내 이름을 듣는 이는 보리마음 모두 내어 윤회고를 벗어나되' 저는 이 구절을 항상 새기며 저를 만나는 이들이 깨달음을 얻겠다는 마음, 신심이 자라나기를 발원하고 다음 생에도 출가자로, 수행자로 살아갈 수 있기를 발원합니다."라고 하셨다.

친할머니께서 어느 날, 신행 활동을 활발히 했던 시기, 내게 툭 던지신 말씀이 있다. "너 또 출가한다고 하는 거 아니야?" 할머니의 그 말씀에 웃음을 지은 적이 있다. '내가 아무리 그래도, 그 정도는 아니지'

하지만 불교에 관심이 더해지고 기도하면 할수록 정말 '내가 출가했다면?'이라는 상상을 하게 된다. 처음 하는 기도라도 그 기도가 낯설지 않고 처음 간 사찰이라도 그 사찰이 언젠가 와 봤던 느낌이 들었다. 그럴 때마다 내가 '전생으로부터 부처님의 제자로 수행한 경험은 분명히 있었다'라는 생각이 든다.

이런 경험과 할머니 말씀을 종합해 볼 때, 단순한 상상과 짐작이 아닐 것이다. 이번 생에서는 여러 이유로 출가가 어려울 것이다. 하지만 불자로서, 재가자로서 열심히 기도 수행 정진하여 다음 생에 건강한 몸으로 스님 밑에서 출가하여 수행하고 싶다는 원을 세운다.

불교에서는 옷깃만 스쳐도 인연이라 하고 전생으로부터 복을 많이 지으면 그만큼 좋은 인연이 따라온다고 말한다. '좋은 인연'

의 기준은 다르겠지만 나에게 좋은 인연은 서로 마음이 맞아 다양한 관계로 동행할 수 있는 인연이 좋은 인연이라고 생각한다.

  은사 스님과의 인연은 정말 소중하고 부처님께 감사한 일이다. 스님의 말씀대로 죽을 때까지 재가자로 스님을 열심히 모시고 다음 생에는 출가 사제(師弟)지간으로 수행 정진하겠다는 원을 세운다.

몽골 초원에 안겨
(보리수아래 중증장애인 몽골불교문화순례기 上)

 다시 비행기를 탈 날이 있을까 싶었다. 예고 없이 다가온 코로나는 우리의 삶 자체를 바꾸어 놓았기 때문이다. 사람들의 발을 묶어놓았고 서로의 입 모양을 볼 수가 없게 만들었다. 하지만 영원한 것은 없는 법. 3년이 지난 지금, 다시 일상을 되찾아가고 있다.
 오랫동안 활동하고 있는 보리수아래에서 국제 교류 사업으로 아시아장애시인들의 공동시집을 발간하고 있다. 그 발간과 더불어 해외 방문이 쉽지 않은 장애 당사자들과 불교문화 순례를 함께하고 있었지만 지난 2년 동안은 코로나로 가지 못했다.
 길고 긴 코로나와의 동행을 마치고, 다시 아시아장애시인들의 공동시집 한국-몽골 편 발간을 앞두고 몽골 순례가 추진되었다.

 출국 날도 어김없이 비가 내렸다. 한 달 동안 내린 비는 내린 날짜를 세는 것보다 내리지 않은 날짜를 세는 것이 더 빠를 정도로 하염없이 내렸다. 출국 전날에도 온종일 내리는 비에 비행기가 이륙할 수 있느냐는 걱정스러운 메시지가 올라오기도 했다.

   장대비에도 무사히 인천 상공을 이륙한 비행기는 3시간여의 여정 끝에 몽골 칭기즈칸 국제공항에 도착했다. 처음 몽골 땅에서 마주한 하늘은 잔뜩 흐렸다. 비가 거의 내리지 않은 몽골이었지만 최근 기후 변화로 비가 잦아졌다고 한다.

   수도인 울란바토르로 향하는 길에도 장대비가 내리고 있었다. 시내 곳곳은 강으로 변해 거리를 걷는 사람들의 종아리까지 비가 차올랐다. 우리 일행이 탄 버스 안으로도 비가 들어오지 않을까 걱정할 정도였으니.

   무섭도록 내리던 장대비를 뚫고 도착한 곳은 몽골 전통 공연을 관람할 국립극장이었다. '몽골'이라는 나라는 '용감함'이라는 부족 이름에서 유래되었다. 그 이야기를 들어서인지 공연에서 용감함과 웅장함이 묵직하게 느껴지고 몽골의 전통 노래는 화살처럼 뾰족한 목소리로 관객석 맨 뒷줄까지 뚫고 들어가는 것 같았다.

   첫인상으로 다가온 몽골의 전통 공연을 마치고 저녁 식사를 위해 식당으로 이동했다. 저녁 식사 자리에는 아시아장애시인들의 공동시집에 몽골 시인으로 참여하신 조릭트 바트호익 시인께서도 함께하셨다. 조릭트 시인께서는 지체 장애 당사자로 저널리스트라고 자신을 소개했다.

   식사하며 나는 조릭트 시인께 "몽골 내에 장애 문학인들이 얼마나 활동하는지"를 물었다. 시인님은 아직 장애 문학인에 대한 통계가 없고, 자신도 몽골시인협회로만 소속되어 활동한다고 하신다. 그런데 보리수아래를 만나보시고 몽골 내에도 장애 문학인의 통계와 관련 활동의 필요성을 느꼈다고 하셨다.

그렇지만 오히려 조릭트 시인의 이야기를 들으니 장애 작가, 비장애 작가로 구분하지 않고 활동하는 것이 긍정적으로 보였다. 보리수아래 최 대표께서는 "'장애 시인 ○○○'가 되지 말고, '시인 ○○○'가 되자"고 항상 말씀하신다. 자신의 장애를 앞세우지 말고, 글에 자연스럽게 우리의 삶을 녹이자는 말씀이다. 대표님의 이런 생각에 나 역시 동감한다.

몽골 시인과의 이야기는 통역의 어려움 때문에 많은 이야기를 나누지는 못했지만, 서로에게 영향을 준 시간이 되었다.

둘째 날 아침, 창문을 열어 보니 다행히도 비가 그쳤다. 조식을 든든하게 먹고 칭기즈칸 마동상으로 향했다. '몽골'이라는 나라를 떠올릴 때, 가장 먼저 떠오르는 이미지는 칭기즈칸 마동상이었다. 몽골제국의 개국 800주년을 기념하여 세워진 마동상 내부로 들어서니 제일 먼저 칭기즈칸 부츠가 눈에 들어왔다. 높이 9M, 길이 6M의 앞굽이 위로 올라온 신발이었다.

자연을 숭배하는 문화가 있는 몽골에서 부츠 앞굽이 올라온 것은 두 가지의 이유가 있는데 하나는 벌레나 땅에 사는 생명에 대한 살생을 방지하고자 했던 것이고 또 하나는 사람들이 말을 탈 때, 등자(말을 탈 때 발을 디딜 수 있도록 만든 안장에 달린 발 받침대)에서 발이 빠지지 않게 만든 것이다. 신발 하나에도 몽골인의 지혜가 담겨있었다.

 1층 로비에서 칭기즈칸 부츠와 역대 몽골 왕들의 사진을 둘러본 뒤, 동상 전망대를 올랐다. 그곳에서 바라본 풍경은 TV에서 봤던 대로 게르만 띄엄띄엄 보일 뿐, 푸른 광야가 펼쳐졌다. 여기까지 힘들게 올라온 만큼 5분이라도, 10분이라도 더 머물며 천천히 눈에 담고 싶었지만 전망대 공간이 좁아 다른 분들을 위해 얼른 비켜주어야 했다.

 마동상을 뒤로하고 테렐지 국립공원 게르 캠프 안에 있는 비르가 리조트에 도착했다. 캠프 주변은 마동상 위에서 본 것처럼 모두 초원이었다. 뒤를 돌아보면 바위 위로 양들이 자유롭게 풀을 뜯고 있었고 새벽에 나오면 게르 앞에서 소들이 풀을 뜯어먹고 있는 것을 볼 수 있었다.

 나무와 들꽃, 야생동물들이 어울려 뛰노는 풍경을 이렇게 가까이에서 본 적이 처음이었다. 그야말로 '평화롭다'는 표현이 바로 이곳을 두고 한 말이 아닐까 싶었다. 삼일동안 머물 곳이니 리조트 풍경에 대한 감탄은 잠시 접어두고 아리야발 사원으로 향했다. 아리야발 사원 입구를 들어가 보니 휠체어는 올라가기 어려운 사원이었다. 할 수 없이 휠체어를 탄 회원들은 사원 아래에서만 구경하려고 했는데 최명숙 대표님은 스님과 포교사님들과 "가는 곳까지는 함께 가보자!"고 하셨다.

 사원으로 오르는 길에는 몽골어로 쓰인 부처님 말씀들이 사천왕처럼 팻말로 서 있었다. 무슨 뜻인지 알 수는 없었지만, 그

길의 끝에는 마니차와 석불상이 기다리고 있었다. 함께 오른 일행은 윤장대의 손잡이를 함께 잡고 '옴 마니 반메 훔'을 큰 소리로 염하며 돌렸다. 저 위 아리야발 사원을 올라가지는 못하더라도 법당의 부처님께서 내려다보실 수 있을 만큼.

나머지 일행들은 아리야발 사원을 향해 올라갔고 윤장대를 돌린 우리는 몇 걸음 위에 있던 석불로 향했다. 나는 지갑에서 1불을 꺼내 파란 철물로 된 보시함 안에 넣었다. 이 여정이 원만 회향하기를 발원하는 마음으로. 아리야발 사원을 오르지 못해 참 많이 아쉬웠는데 그 아쉬움을 달래고자 부처님 전에 올린 합장과 달러 한 장의 보시는 잊지 못할 것 같다.

동행하신 무심 스님께서는 사원으로 오르지 못하는 마음을 아셨는지 스님도 사원에 올라가지 않으시고 남은 회원들과 함께 기도하며 추억을 남겨주셨다.

여기저기 다양한 배경으로 사진을 남기다 보니 어느새, 사원에 올랐던 분들이 돌아오셨다. 그 일행들과 내려가니 아래에 계시던 이상복 원장님께서 한 사람, 한 사람에게 아이스크림을 사주셨다. 그 아이스크림은 아리야발 사원을 참배하지 못한 아쉬움을 풀어주기에 충분했다.

그렇게 몽골에서의 두 번째 밤이 다가오고 있었다.

몽골에서 얻은 증표
(보리수아래 중증장애인 몽골불교문화순례기 下)

비가 온 탓인지, 깊은 밤이 오지 않은 것인지 게르 캠프에서 올려다본 밤하늘의 별은 기대했던 것보다는 많지 않았다. 히말라야를 다녀오셨던 이경남 시인께서도 네팔보다는 별이 많지 않다며 아쉬워했다. 더 깊은 밤이 되어야 보이려나? 쏟아질 별을 기다리다가 잠이 들고 말았다.

공기 좋은 캠프에서 눈떠 보니 피곤함은 멀리 달아나 있었다. 셋째 날의 첫 일정으로 유목민 게르로 향했다. 우리가 머문 캠프도 게르이었지만 관광객에 맞춘 현대식 게르라 전통 게르와는 차이가 있다.

캠프와 불과 5분 거리에 있는 유목민 게르는 몽골인들의 전통 삶을 보여주는 곳이었다. 버스에서 내리니 제일 먼저 게르에 살고 있는 큰 반려견이 일행을 반겼다. 붙임성이 얼마나 좋은지, 같이 간 스님께서 살짝 만져주니 배까지 보여주던 녀석이었다.

잠시 녀석의 애교에 한껏 녹아든 채, 게르 안으로 들어갔다. 고개 숙이며 낮은 문으로 들어서니 제일 먼저 몽골 특유의 향기가 코끝을 스쳤다. 그리고 게르 곳곳에는 몽골 문화의 전통 물건도 전시되어 있었다. 가이드님은 몽골식으로 여성들은 왼쪽, 남자들은 오른쪽에 앉으라 하고 게르와 관련된 몽골 문화들의 설명을 들을 수 있었다.

게르와 연관된 문화에 대한 설명을 듣던 중, 문지방에 대해 말씀하신 이야기가 가장 기억난다. 게르는 문지방이 있기에 조심하지 않으면 들어오고 나가다가 발이 걸리기도 한다. 그런데 몽골에서는 발이 걸리면 실례되는 행동이 된다. 문지방에 걸려 넘어지면 그 집의 복을 내보낸다는 의미가 있기 때문이다.

한국도 문지방에 앉으면 복이 달아난다는 속담이 있다. 그런 것을 보면 우리나라와 몽골의 언어와 풍경은 달랐지만 정서와 모습은 한국과 통하는 부분이 많을 것 같았다. 가이드님의 설명을 듣던 중, 주인 아들이 들어왔는데 그도 청각장애가 있는 친구였다. 주인은 우리에게 아들의 이야기를 해주셨다.

중학교를 졸업하고 집안에서 마부로 관광객들을 맞고 있다는 아들은 고등학교를 갈 나이지만 학교에서 적응하기 어려워 학교에는 다니지 않는다고 했다. 문득, 국내에서 이슈 되고 있는 유명 웹툰 작가의 장애아들 학교생활과 교사와의 분쟁이 떠올랐다. 우여곡절이 있었던 나의 학창 생활도 같이.

게르에서 여러 이야기를 듣고 승마 체험을 위해 밖으로 나왔다. 복이 나가지 않게 문지방을 확인하면서. 여건상 장애 회원들은 말을 타기가 어려웠다. 그래서 말을 타고 한 바퀴 도는 대신, 마부와 가이드님의 도움으로 말 위에서 사진만 찍고 내려왔다. 몽골의 초원을 도는 것은 한국에 돌아와 말을 타셨던 분들의 영상으로 대신했다.

유목민 체험과 승마 체험을 마친 오후 시간에는 조금 여유가 있었다. 캠프에서 쉬는 것도 좋았지만 1분이 아쉬운 순례단은 다 함께 근처 테렐지 호텔 카페에 가기로 했다. 창밖으로 토르 강이 보인다는 이야기에 한껏 기대가 부푼 채로 말이다.

하지만 기대와 달리, 내가 카페에서 앉았던 자리에서는 강가가 보이지는 않았다. 대신 유리창 사이로 건물이 보였는데 몽골에서 봤던 건물과 달리 상당히 이국적으로 보였다. 집으로 돌아와 찾아보니 그곳은 테렐지 내, 5성급 호텔이었다.

캠프로 돌아가는 길, '기도하는 바위'라고 부르는 바위에 들렀다. 합장하고 간절하게 기도하는 모습처럼 보였는데 오세암 길손이 떠올랐다. 순수한 마음으로 관세음보살님과 노닐던 길손처럼 세상을 바라보면 우리의 마음은 몽골의 초원같이 평화롭지 않겠느냐고 생각했다.

캠프로 돌아와 장애 회원들에게 최 대표님은 트레킹을 제안하셨다. 우리가 머문 캠프는 자연 한 가운데 있어 몇 걸음만 걸어도 트레킹이 되는 곳이었다. 얼마 되지 않은 걸음이었지만 발 아래에는 야생화와 푸른 풀이, 머리를 위로 들어보면 한없이 맑은 하늘과 구름이, 앞으로는 탁 트인 시야였다. '이곳이 극락 아닐까?'라는 생각이 절로 올라올 정도로.

바람과 별, 햇살과 들녘을 벗 삼았던 사흘의 시간은 몽골의 푸른 자연을 맛보기에 충분했다. 다음에도 다시 올 수 있다면 소와 말, 양들과도 교감해 보고 야생화도 알아가며 몽골 초원에 더욱 깊이 빠지고 싶다.

버스를 타고 스르륵 잠이 들었다. 눈을 떠보니 어느새 울란바토르 시내로 들어서고 있었다. 다시 찾은 울란바토르 첫 일정은 자이승 불상 공원 참배였다. 송월주 스님의 원력으로 조성된 이곳은 한국에서 보던 불상과는 달리, 이국적인 부처님이셨다. 근엄하지도 않으시고, 그렇다고 환한 미소도 아니었다. 그러나 그 표정을 지으시며 나에게 "어서 오라, 몽골에서 네가 걸림이 있다면 그 걸림에 끌려가지 말고, 내 손 위에 올려놓고 돌아가라."고 말씀하시는 것 같았다.

사흘 동안 때때로 여행의 동행자가 아닌 그저 도움을 받는 존재가 되는 것 같아 심적으로 어려웠던 순간들이 있었다. '여기는 갈 수 있다, 저기는 가지 못한다.' 내 선택이 아닌 타인의 판단이 머리로는 충분히 이해 갔지만 마음에서는 방지 턱처럼 탁탁 걸리고 말았다.

하지만 부처님은 위로하지 않으실 표정이었다. 단지, "걸림은 네가 만드는 것. 누구도 탓하지 말고, 내 손 위에 두고 돌아가라."는 말씀만 하셨다.

불상 공원 참배를 마치고 복드칸 궁전과 라마사원에 들렀다. 복드칸 궁전은 몽골 왕조의 마지막 황제 자브춘 담바 후탁트 8세가 20년간 겨울에 지냈던 곳으로 복드칸이 받은 선물, 몽골 왕과 왕비의 침실, 그리고 복드칸이 개인적으로 수집해 모은 박제 동물들이 전시되어 있었다.

　궁전을 둘러본 후, 간등사원으로 향했다. 그곳에서는 몽골 스님들이 모여서 독경하시는 법석(法席)을 만날 수 있었다. 나도 잠시 법석 뒤에 앉아 스님들의 독경 삼매로 들어갔다. 언어는 달랐지만 우리의 마음만은 맑게 하는 것만 같았다.

　조금이라도 맑아진 마음으로 다른 법당으로 향했다. 3~4층 높이로 지어진 법당에 들어서니 중앙아시아에서 24미터로 가장 크다고 알려진 관세음보살님 입상이 맞이해 주셨다. 간단하게 의식을 거치고 법당에 있는 마니차 주위를 무심 스님의 부축을 받아 돌았다. 스님께서는 같이 돌면서 "이 공덕으로 업장이 소멸되고 만사가 막힘없이 흐르도록 해주시옵소서." 소리 내어 축원해 주셨다.

　그 축원을 옆에서 듣는데 코가 시큰해졌고 눈이 뻑뻑해졌다. 처음이었다. 이렇게 눈물이 차오르는 축원은. 꾹, 꾹, 눈에 힘주어가며 법당 한 바퀴를 도니 내 다리에 힘이 풀렸다. 스님께 더는 돌지 못하겠다고 말씀드리니 그러면 불단 앞에서 기도하고 있자고 하셨다. 다시 관세음보살 발아래, 나의 이마를 대고 기도를 올렸다.

　부처님이시여, 내 최고의 스승, 내 근본의 스승 부처님이시여!
　감사합니다. 또 감사하고 감사합니다.

당신과 함께하는 분들과 당신께 기도할 수 있음에 감사합니다.
부처님, 이곳에서 다시 한번 발원합니다.
제가 열심히 수행하고 공덕 쌓아, 다음 생에 좋은 몸으로 이 세상에 다시 와서
출가 수행자로서 손길이 필요한 이들과
손을 잡고 진심으로 기도하는 수행자가 되기를 발원합니다.

신행 생활을 하면서 그렇게 진실한 기도는 처음이었다. 부처님 발아래에서 일으킨 간절하고 진실한 발심은 앞으로의 삶에서 커다란 증표가 될 것이다.

간등사원을 나와 몽골 역사박물관과 칭기즈칸 광장을 둘러봤다. 칭기즈칸 광장은 우리가 첫날에 머문 호텔과 매우 가까웠다. 둘째 날 아침에도 김영관 시인님과 갈 수 있었는데 그때는 알지 못한 나머지, 차마 가지 못해 아쉬울 정도였다.

몽골에서의 마지막 저녁 식사는 샤부샤부 집이었다. 원형 테이블에 다 함께 모여 처음이자 마지막으로 다 함께 식사를 나누면서 몽골불교문화순례의 소감을 나누었다. 한분 한분 돌아가며 한마디씩 했다. 돌고 돌다 보니 내 차례가 돌아왔다. "저는 이번 순례에 참여하면서 많은 걱정을 하고 왔었습니다. 어느 순간부터 없던 멀미가 생기고 무리 없었던 단거리마저도 점점 걷는 것이 어려워져 장거리를 가는 것도 주춤하기도 했습니다. 그럼에도 '몽골'이라는 땅을 밟게 해준 모든 분께 감사의 인사를

드리고 싶습니다."라며 소감을 마쳤다.

 덥지도, 그렇다고 너무 춥지도 않았던 몽골에서 몇 시간 만에 다시 한국으로 돌아왔다. 무더위가 가득한 한국으로 돌아오니 그새, 몽골이 그리워졌다. 이번 여정에 동행한 여행사 대표님의 SNS에 "또 다른 여행을 준비한다. 돌아올 곳이 있기에 여행"이라고 쓰신 글을 보았다. 그 글을 읽고 나니 문득 이런 생각이 든다.
 "완벽한 여행은 다음 여행의 발목을 잡는다. 그 완벽한 여행을 뛰어넘을 여행을 기대하기 때문이다. 하지만 아쉬움이 조금이라도 남은 여행은 그 여행을 거울삼아 더 좋은, 더 나은 여행을 만들 수 있게 한다."
 이번 순례는 잠시 잊고 있던 나의 장애를 다시 마주한 여정이기도 했다. 그 마주함 속에 당황도 했지만, 그것이 바로 내 모습이었다. 외면할 필요도, 감출 필요도 없는 나의 모습. 나는 또다시 내 모습으로 또 다른 여행을 준비한다. 그곳이 어딘지는 모르지만.

● 평설 ●

평범의 의미

심재휘 (시인)

1. 어느 여름날 저녁의 시원한 바람처럼

 메일의 첨부 파일을 열었다. 글이 쏟아졌다. 홍현승의 삶과 그의 따뜻한 예술과 그의 맑은 웃음이 책상 위로 좌르륵 밀려 나왔다. 창밖으로 여름 해가 지나가고 있었으나 바람은 시원했고 저녁쯤에 이르러서 나는 '사람 홍현승'과 '시인이자 수필가 홍현승'의 마지막 페이지를 닫을 수 있었다. 책을 덮고 무엇을 어떻게 쓸까 고민이 깊었다.

 수년 전, 현승은 나에게서 시를 배웠다. 편견은 없었지만 의심은 했다. 정상인(이것이 마땅한 용어는 아니지만, 맥락상 쓴다)도 힘들어하는 시 쓰기를 뇌성마비의 현승이가 따라올 수 있을까? 세상의 통념에 얹혀 미루어 판단하는 것들, 겪어보기 전에 미리 짐작하는 것들은 모두 편견이라는 것을 그때 나는 배웠다. 그러니까 그때 나는 참 어리석었다. 의심도 편견이었던 셈이다.

　시인이자 수필작가 홍현승에 대한 나의 첫인상은 두 가지로 나누어 볼 수 있다. 하나는, 그가 참 환하게 잘 웃는다는 것이다. 사실, 요즘 세상에서 잘 웃기는 쉽지 않다. 잘 웃지 않는 시대이기도 하거니와 다양한 웃음 전략이 있어서, 언제 어떻게 얼마나 웃어야 할지 가늠해야 할 때가 많은데 그는 그냥 웃는다. 웃어 보이는 것이 아니다. 그냥 웃는다.

　두 번째 인상은 복도를 서성이던 그의 엄마로부터 온다. 처음에는 그녀가 현승의 엄마인지는 잘 몰랐다. 누군가가 말해줘서 알게 되었을 때 나는 조금 미안했던 것 같다. 그러나 이 미안함조차 사실은 잘못일 수 있다는 것을 훗날 깨달았다. 필경 그녀가 쏟았을 노고에 미루어 그녀의 마음을 짐작했으니 돌이켜보면 이것도 얼마나 터무니없는 편견인가. 눈에 보인다고 다 아는 것은 아니듯이 눈을 떴다고 모두 다 눈을 뜬 것은 아니다.

　그래서 이 글은 사실, 조금은, 아니 많이 긴장된다는 것을 고백한다. 나는 현승과 달라서 나와 다른 그의 사정과 나와 다른 그의 경험과, 그로 인한 그의 생각을 잘 안다고 말할 수 없다. 솔직하게 말하자면 장애에 대해 깊게 생각해본 적이 없다. 이해한다고 어설프게 말했다가 혹 나의 편견이 들통나지 않을까 두려운 것이 사실이다. 어쩌면 좋을까, 컴퓨터의 빈 화면을 보며 오래 망설였다. 그런데 생각해보면 변하지 않은 사실은 있다. 그가 나의 제자였다는 것, 수많은 제자 중의 한 사람으로서 한때의 인연을 간직한 사람이라는 것. 그러니 나는 나와 내가 아는 현승에게 충실하면 된다. 여름날 저녁의 바람이 내 이마를 스치고 지나가듯 내 마음과 내 글이 그에게, 그의 글에 다가가면 된다.

2. 사람 홍현승의 곡진한 길

5년 전 현승은 내게 시집 한 권을 보내주었다. 제목은 『등대』였다. 그때 그의 시들을 한자리에 앉아 다 읽었던 기억이 난다. "나의 첫 시집도 어떤 이에게는 작은 등대가 되기를 희망한다"는 현승의 서문이 좋았다. 그러나 더 좋았던 것은 표지를 넘겼을 때 나타났던 그의 손글씨였다. 펜을 손에 꼭 쥐고 힘주어 써야 하는 그의 필체, 힘주어 써야 했기 때문에 종이 깊게 파인 그 글자들의 뒤를 어루만지면 그가 느껴져서 더욱 좋았다. 종이에 삐뚤삐뚤 깊게 새겨진 그 길이 현승이 올곧게 걸어왔던 시간 같아서 자랑스러웠다.

그리고 5년이 지나 그가 수필집을 낸다고 한다. 사실, 수필은 신변의 경험들을 쉽게 쓰는 글이라 다들 생각하겠지만 그렇지 않다. 누구나 쓸 수 있는 글이기 때문에 아무나 잘 쓸 수 없는 글이다. 자신의 경험을 정직한 마음으로 들여다보지 않는다면, 세상을 이해하고 바른 길이 무엇인지 헤아려보려는 최소한의 숙고가 없다면, 글은 단순히 미문의 자랑에 그치거나 출판의 이력을 늘리는 결과에 불과해지기 때문이다. 현승의 글은 파일로 왔기 때문에 손수 만져볼 수는 없었다. 하지만 화면을 오래 바라보며 깜빡이는 커서처럼 자꾸 내 마음에 켜졌다 꺼졌다 반복하는 그의 마음을 오래 가늠했다.

원고는 세 부분으로 이루어져 있었다. 1부는 주로 현승의 일상생활과 관련한 글들이었다. 1부의 첫 번째와 두 번째 수필은 현승이 세 군데의 대학을 옮겨가면서 그가 끝내 창작인이 되는 과정을 술회한 것이었다. 갈등과 두려움, 열망과 다짐 등이 묻어있었다. 평범하지 않았을 그의 십 대와 이십 대가 영상처럼 흘렀다. 글쓰기를 좋아하고, 가수의 콘서트를 좋아하고, 드라마와 TV 쇼와 스포츠를 즐겨보는 그의 취향은 어쩌면, 사람에 대한 지극한 관심과 다를 바가 없다. 누구에게나 힘든 해외봉사에 참여하게 된 사연 역시, 사람에 다가가고자 하는 간절함이 아니고서는 해명을 할 수 없다. 뇌성마비로 살아온 자의 '자책과 불안에서 벗어나기' 위한 그의 간절함은 바로 '평범한 삶을 사는 것'에서 그 답을 얻은 것이라고 나는 생각한다. 그러나 다시 생각해보면 사람과 사람 사이가 점점 멀어지고, 점점 단절되는 21세기에 이 평범을 평범이라고 할 수 있을까 싶어서 오히려 그의 노력이 갸륵해졌다.

2부는 '장애'에 대한 사유로 가득했다. 네이버 국어사전에 '장애(障礙)'를 검색했다. "신체기관이 본래의 제 기능을 하지 못하거나 정신 능력에 결함이 있는 상태"라고 뜻풀이해 준다. 한자로는 障(가로막을 장), 礙(거리낄 애)이다. 신체적이든 정신적이든 무엇인가에 가로막혀 거리낌이 있는 상황을 의미한다. 이 거리낌은

외부의 요인가 아니라 내부의 요인으로 발생한다. 대부분의 사람들은 이것을 알지 못한다. 그로 인해 쉽게 편견과 차별이 생긴다.

특히, 차별은 관계를 전제한 말이다. 20세기 중반의 구조주의 철학자들이 실존주의를 넘어서기 위해 강조한 것이 관계이다. 본질도 실존도 중요하지만 더 중요한 것은 '관계구조 속에 놓인 존재'라고 철학자들은 강조했다. 너로 인해 나는 선생이 되고 대리가 되고, 너로 인해 나는 딸이 되고 엄마가 되고, 썸남이 되고 독거 노인이 되고, 관객이 되었다가 가수가 되고, 너로 인하여 나는 여러 가지 사람이 된다. 허니, 나는 당연히 너와 다르다. 그러므로 우리 사회는 다양성이라는 매우 중요한 자산을 갖는다는 논리.

심각한 문제는 이 당연한 차이를 우열로 바꾸어 놓을 때 발생한다. 이 차별의 역사는 길다. 음과 양이 조화로워야 우주 질서가 유지되는 데에도 불구하고, 유교적 사고는 어둡고 낮고 찬 성질의 음을 비천한 것이라는 위계 구조로 바꾸어 놓음으로써 여성이 남성보다 열등하다는 윤리의식을 만들었다. 백인이 유색인보다 우월하다는 생각은 인종 간 차별을 낳았다. 나아가 인간이 자연보다 우위에 있다는 생각은 자연을 함부로 개발할 수 있다는 인간의 오만을 유발하여 오늘날의 지구 기후 위기를 불렀다. 이외에도 생활 속에는 관계를 위계질서로 오독함으로써 발생하는 수많은 차별이 상존한다.

현승의 생각도 다르지 않다. 현승은 장애로 인한 차별의 문제를 질문한다. 특히, 우리 사회에서 평범은 무엇이고, 장애는 또 무엇인지 궁금해한다. 그러니까 평범하지 않은 것은 모두 비정상인가? 그렇다면 평범함은 또 무엇이란 말인가? 생각해보자, 글을 읽고 있는 독자로서 나는 평범한가? 과연, 장애인이든 비장애인이든 스스로를 평범하다고 말할 수 있는 사람은 몇이나 될까? 그럼 우리 모두가 비정상인이란 말인가? 이런 질문의 끝은 결국, 고작 신체나 정신의 장애만을 비정상이라고 우기는 우리 사회를 그의 글은 돌아보게 한다. 참 아픈 지적이다.

특히, 현승은 그가 겪은 다양한 편견과 차별을 2부에서 집중적으로 썼다. 이 글들을 읽으며 나는 과연 어느 편에 있었나 생각했다. 그런데 장애인 간에도 차별이 있다는 그의 고백은 놀라웠다. 지체장애인들이 뇌성마비 장애를 차별하고 뇌성마비 인들이 발달장애인들을 차별하는 현실을 고발하면서, 스스로 차별이 없지 않았음을 반성한다. 그의 이 수필,「평범하게 산다는 것」에서 나는 잠시 머물렀던 듯하다. 또한, 그가 학교를 졸업하고 취업하는 과정에서 겪었던 다양한 차별들과 그로 인해 얻게 된 깨달음은 참 인상적이었다. 비록, 그가 겪었던 차별의 모양과 부피와 깊이는 내가 함부로 말할 수 있는 것이 아니겠지만, 현승이 하나의 단단한 사유에 이르는 과정은 아래의 글에서 그 진정성을 확보한다. 그대로 인용하면 다음과 같다.

"사회가 장애 당사자들의 일자리를 개발하고 제공하는 것은 좋지만 장애 당사자들이 의지도 중요하다고 생각한다. 장애가 있는 사람에게 최고의 복지는 '일자리'다. 노동을 통해 장애당사자들이 당당하게 사회 구성원으로 살아가는 것, 그것이 자신의 존재를 드러내는 세상으로 만드는 요소이고, 최고의 복지라고 말할 수 있을 것이다."

3. 윤동주의 기도와 홍현승의 기도

시인 윤동주는 고단한 시대를 기도로 살다간 순정한 청년이다. 우리가 그의 시를 기억하는 것은 그의 언어가 순수의 극치를 보여주기 때문이다. 동주의 시가 기교 없이도 큰 울림을 주는 것은 그의 시가 순도 높은 진심의 언어이기 때문이다. 험난한 시절 속에 놓인 자기의 현재 모습이 옳은가를, 자신의 행동과 신념이 바른길로 가고 있는가를 끊임없이 살펴보며 괴로워했던 시인 윤동주. 그의 이 성찰은 종교적 윤리의식에서 비롯한다. 아마, '하늘을 우러러 한 점 부끄럼 없기를' 바라고 또 바랐던 그의 기도가 없었다면 그의 시는 세상에 나오지 못했을 것이다.

나는 현승의 글들을 읽으며 동주를 떠올릴 수밖에 없었다. 특히 마지막 3부의 글들은 더욱 그러했다. 그의 수행은 종교의 색을 뺀다 해도 다소 숭고했다. 신체의 한계 때문에 더욱 힘들었을 수행들, 백팔 배를 하고 오체투지의 길을 나아가 보겠다는 것은 어떤 마음이었을까. 비록 일회적이었을지라도 아무나 하지 않는 힘든 일을 도전해보겠다는 것은 간절한 기도가 아닐까 싶다. 현승은 기도에 대해 이렇게 말한다. "기도는 가장 힘들고, 간절할 때, 기도의 힘이 나온다." 나는 이 간절함의 기도가 동주의 기도와 다르지 않다고 본다. 윤동주의 끊임없는 기도가 단순한 구복의 행위가 아니듯이 현승의 기도 역시 그러하다. 현승에게 기도는 '자책과 불안'에서 벗어나려는 기도, 평범의 의미를 확장하려는 기도, 사람들의 생각을 바꾸어 보려는 기도이다. 이는 이기와 배척으로 오염된 욕망의 세상을 원래대로 바꾸어 놓으려는 간절한 기도이다.

사실, 그의 수필집에서 가장 많이 나오는 단어 두 가지는 '간절함'과 '평범'이다. '장애'라는 용어는 그에게 일상어이므로 제외하고 보면, 이 두 어휘는 가슴을 찌른다. 비범해지려고 노력하는 이들, 남들의 위에 서려고 애쓰는 이들에게 평범은 불만족이고 불평에 불과할지 모른다. 이러한 평범조차도 간절하게 바라는 이들이 있다는 것을, 평범함이 얼마나 눈물 나는 희망인가를, 그것을 위해 기도하는 이들이 있다는 것을 평범한 사람은 모른다.

그래서 나는 그의 수필들을 읽으며 많이 배웠다고 고백한다. 나는 그의 스승이지만 그도 나의 스승이다. 그의 웃음을 떠올리면 여전히 나는 환해진다. 불교의 일곱 가지 가르침(無財七施) 중에 웃음의 보시(和顔施)가 있다 한다. 그의 웃음은 사람을 치유하므로 일종의 화안시이다. 나는 기도한다. 나무웃음보살!

이쯤에서 나의 글은 마무리하기로 한다. 이 책의 주인은 내가 아니라 홍현승이다. 그러니 길게 쓸 이유가 없다. 독자들은 그의 글로 돌아가서 그가 글 속에 호흡해놓은 생명의 말들을 다시 찬찬히 음미하면 좋겠다. 책을 읽을 때 우리의 이마를 스치고 지나간 바람은 비록 한 번 스치고 지나가는 바람일지라도, 나의 생애에 찾아와서 나를 어루만지고 지나간 바람이 아니겠는가. 그 역시 얼마나 소중한 인연인가. 하물며 이 많은 사연이 우리에게 시원하게, 뜨겁게, 아프고도 다정하게 다가온 것은 필경 행운이 아닐 수 없다.

작가 홍현승은 다음과 같은 말로 수필집을 마무리한다. "외면할 필요도, 감출 필요도 없는 나의 모습. 나는 또다시 내 모습으로 또 다른 여행을 준비한다. 그곳이 어딘지는 모르지만." 그의 여행이 아름답기를 나는 그저 응원한다. 그의 싯귀절 하나를 소개하면서 글을 마친다.

> 하늘을,
> 세상을,
> 원망하고 원망했습니다
>
> 하지만
> 주어진 길을 걸으며
> 조금이라도 쉬어갈
> 쉼터를 찾았고
> 몸이 가벼워 헐레벌떡
> 가는 이들과 달리

숨 고르며 한 발 한 발
천천히 나아가는 방법을
배웠습니다

조금씩,
조금씩,
삶의 무게를 덜자
휘어진 내 등도
점점 곧게 펴졌습니다

걸어온 길을 되돌아보니
하늘은 저를 사랑했습니다
세상은 저를 보듬었습니다

하늘이 던진 돌덩어리
때론 버겁고
지치지만
힘차게 내딛겠습니다
세상 속으로

「행복으로 가는 길」 중에서

많아지는 것보다
깊어지고 싶다

2025년 8월 11일 인쇄
2025년 8월 18일 발행

지은이　도현 홍현승
발행인　이주현
발행처　도서출판 해조음

등　록　2002. 3. 15 제-3500호
주　소　서울 중구 필동로1길 14-6 리엔리하우스 203호
전　화　02-2279-2343
팩　스　02-2279-2406
E-mail　haejoum@naver.com

ISBN　979-11-91515-27-5　03810

값 13,000원